FRANTZ FANON

PEAU NOIRE, MASQUES BLANCS

黑皮肤，白面具

［法］弗朗茨·法农 著

张香筠 译

生活·讀書·新知 三联书店

Simplified Chinese Copyright © 2022 by SDX Joint Publishing Company.
All Rights Reserved.

本作品简体中文版权由生活·读书·新知三联书店所有。
未经许可，不得翻印。

图书在版编目（CIP）数据

黑皮肤，白面具／（法）弗朗茨·法农著；张香筠译.—北京：生活·读书·新知三联书店，2022.8
（法兰西思想文化丛书）
ISBN 978-7-108-07392-1

Ⅰ.①黑⋯ Ⅱ.①弗⋯ ②张⋯ Ⅲ.①民族心理学-研究-法国 Ⅳ.① C955.565.1

中国版本图书馆 CIP 数据核字（2022）第 053503 号

责任编辑	吴思博
装帧设计	刘 洋
责任校对	张国荣
责任印制	张雅丽
出版发行	生活·讀書·新知 三联书店
	（北京市东城区美术馆东街 22 号 100010）
网 址	www.sdxjpc.com
经 销	新华书店
制 作	北京金舵手世纪图文设计有限公司
印 刷	三河市天润建兴印务有限公司
版 次	2022 年 8 月北京第 1 版
	2022 年 8 月北京第 1 次印刷
开 本	880 毫米 × 1230 毫米 1/32 印张 7.375
字 数	146 千字
印 数	0,001-5,000 册
定 价	57.00 元

（印装查询：01064002715；邮购查询：01084010542）

"法兰西思想文化丛书"编委会

王东亮　车槿山　许振洲　杜小真

孟　华　罗　芃　罗　湉　杨国政

段映虹　秦海鹰　高　毅　高　冀　程小牧

"法兰西思想文化丛书"总序

20世纪90年代,北京大学法国文化研究中心(前身为北京大学中法文化关系研究中心)与三联书店合作,翻译出版"法兰西思想文化丛书"。丛书自1996年问世,十余年间共出版27种。该书系选题精准,译介严谨,荟萃法国人文社会诸学科大家名著,促进了法兰西文化学术译介的规模化、系统化,在相关研究领域产生广泛而深远的影响。想必当年的读书人大多记得书脊上方有埃菲尔铁塔标志的这套小开本丛书,而他们的书架上也应有三五本这样的收藏。

时隔二十年,阅读环境已发生极大改变。法国人文学术之翻译出版蔚为大观,各种丛书系列不断涌现,令人欣喜。但另一方面,质与量、价值与时效往往难以两全。经典原著的译介仍有不少空白,而填补这些空白正是思想文化交流和学术建设之根本任务之一。北京大学法国文化研究中心决定继续与三联书店合作,充分调动中心的法语专家优势,以敏锐的文化学术眼光,有组织、有计划地继续编辑出版这套丛书。新书系主要包括两方面,一是推出国内从未出版过的经典名著中文首译；二是精选当年丛书中已经绝版的佳作，由译者修订后再版。

如果说法兰西之独特魅力源于她灿烂的文化，那么今天在全球化消费社会和文化趋同的危机中，法兰西更是以她对精神家园的守护和对人类存在的不断反思，成为一种价值的象征。中法两国的思想者进行持久、深入、自由的对话，对于思考当今世界的问题并共同面对人类的未来具有弥足珍贵的意义。

谨为序。

北京大学法国文化研究中心

目　录

"法兰西思想文化丛书"总序 1

译者序 1
开　篇 9

第一章　黑人与语言 18
第二章　有色人种女子和白人 42
第三章　有色人种男子与白人女子 62
第四章　论被殖民者的所谓依赖情结 80
第五章　黑人的亲身经历 103
第六章　黑人与精神疾病 138
第七章　黑人与被承认 203
结　语 218

译者序

弗朗茨·法农（Frantz Fanon）1925年7月出生于法国海外领土马提尼克的首府法兰西堡。马提尼克地处加勒比海边缘的小安的列斯群岛，东临大西洋，1635年被法国占领，成为法国最早的海外殖民地之一。17世纪后期开始的欧洲奴隶贸易从西部非洲带来大量的黑奴，分布在岛上的甘蔗和烟草种植园中。法国大革命曾一度废除奴隶制度，在革命大潮中，加勒比海的法属圣多明戈发生起义，取得独立，成立海地共和国。但当时的马提尼克被英法两国争夺不下，未能实施废奴政策，而拿破仑称帝后法国即恢复奴隶制，这一制度最终在1848年由法兰西第二共和国彻底废除，时任政府部长的维克多·舍尔歇（Victor Schœlcher）在这一过程中起到决定性的作用。19世纪后期，法国陆续从刚果、印度甚至中国招募了一定数量的劳动力到岛上的种植园中做工，其中大多数后来都留在了马提尼克。到19世纪末20世纪初，基督教已在岛上广泛传播，岛上的白人居民不到一万人，黑人及混血人口的数量将近二十万。在不同语言的碰撞之中，岛上逐渐形成了特有的克里奥尔语，用于口头交流，但是官方语言始终是法语。19世纪中叶以后，原来的奴隶尽管得到了人身自由，但是种植园里的工作条件仍然极为恶劣，1900年岛上曾发生较大规模的罢工，被殖民政府血腥镇压。二战以后，通过艾梅·塞泽尔（Aimé Césaire，1913—2008）等一批新一代黑人政治家的努力，马提尼克岛于1946年成为法兰西共和国的一个海外行政省，成为去殖民化的一种特殊形式。塞泽尔是法国共产党成员，他于1945年当选法兰西堡市长、法国国民议会议员。

法农出生于一个混血的黑人家庭，父亲是小职员，母亲经营着一家小店，出售针线及小手工织品。法农在法兰西堡的舍尔歇中学读书期间，与在这所中学任教的塞泽尔有过短暂的交往。舍尔歇中学是殖民政府1881年在岛上开办的第一个公立中学，不收学费，培养当地的精英。学校的课业安排完全参照法国本土的教学内容，也就是以法国白人为中心的知识体系，本书以戏谑口吻引用的"我们的祖先高卢人"正是马提尼克及其他法国殖民地原住民在学校里背诵的句子，这也说明，接受如此教育的有色人种唯一的身份认同就是法国白人。

1944年，不满十九岁的法农不顾家人的阻拦，入伍参加反法西斯抵抗运动，经北非进入法国，被安排在塞内加尔步兵团。他在阿尔萨斯前线战斗中负伤，后获得奖章。如果说部队里的种族歧视还没有使他有太多感触，在阿尔萨斯碰到的白人对黑人战士的厌恶给他带来了强烈的震撼。这一段经历，他曾在给家人的书信中有所提及,他说:如果我在战场上牺牲,亲人们不要以为我是为自由献身,而只应感叹命运多舛,因为我们冒死参与的战斗,这些阿尔萨斯的村民根本不在意。

1946年法农获得国家资助前往里昂学医,同时自己研习哲学,经常去听梅洛-庞蒂的哲学课,是《现代》(Les Temps modernes)、《精神》(Esprit)等哲学思想杂志的忠实读者,深受存在主义及现象学的影响。法农也是文学青年,热爱诗歌戏剧,广泛阅读当时的文学作品,自己在1949—1950年还写过两个剧本。1951年法农通过毕业论文答辩,成为精神病科医生。1953年法农被任命为法属殖民地阿尔及利亚的布里达(Blida)精神病院主治医生。在行医的过程中,他对殖民制度对人的精神伤害得以深入了解,并逐渐开始关注殖民地的政治斗争。1954年阿尔及利亚独立战争爆发后,法农因积极支持阿尔及利亚民族解放阵线(FLN),于1956年被驱逐出法属阿尔及利亚。他前往突尼斯继续参与非洲反殖民主义解放运动,并任阿尔及利亚自治政府工作人员。1961年12月法农死于白血病,年仅三十六岁。

《黑皮肤,白面具》(Peau noire masques blancs)一书于1952年由瑟耶(Seuil)出版社出版,哲学家弗朗西斯·让松(Francis Jeanson)为这本书写了序言。1961年夏,法农写完了《全世界受苦的人》(Les Damnés de la Terre),请萨特为其作序。萨特由波伏娃和克罗德·朗兹曼(Claude Lanzmann)陪同,与法农在罗马见面,经过三天的彻夜交谈之后,萨特对这个年轻的医生非常赞赏，欣然命笔。该书1961年10月由马斯佩罗（Maspero）出版社出版，在非洲国家广泛发行，但在法国被警方查禁。法农生前还有一部著作，《阿尔及利亚革命第五年》（*L'An V de la révolution algérienne*，1959）也在出版后不久被法国政府列为禁书[1]。法农去世后，马斯佩罗出版社于1964年整理出版了一部法农文集，题为《致非洲革命：政治类文选》（*Pour la révolution africaine. Écrits politiques*）。2015年，法农生前未曾整理发表的精神病治疗方面的论文笔记、早期文学作品及一些书信杂记被收录于《关于异化与自由的文字集》（*Écrits sur l'aliénation et la liberté*），由发现（La Découverte）出版社出版。

  《黑皮肤，白面具》一书是作者在攻读精神病学博士学位时撰写的，最初的想法是以此作为博士论文的题目，从心理学与精神病学角度对黑人与白人世界的关系进行研究。但在书写的过程中思路逐渐变化，最终写成了一部随笔。作者一方面以他个人体验和搜集的个体经验为基础，描述了来自法属马提尼克岛的黑人面对白人社会的各种态度；另一方面也从同时代的黑人文学作品中摘取了素材，并参考引述了医学、心理学、哲学、人类学等领域的相关学术著作和文章，分析指出了各种理论及各项研究中存在的偏见与局限性。通过对语言、情爱、社

---

[1]《阿尔及利亚革命第五年》在出版六个月后即遭查禁，而后在1966年以《革命的社会学》（*Sociologie d'ane révolution*）为名由马斯佩罗出版社再版发行。——编者注

会行为、心理与精神疾病等不同方面的深入探讨，法农清晰地展示出，各种表象都指向一个不可回避的问题，那就是：为什么黑人与白人无法建立正常的关系？在法农看来，这种不可能性源自殖民主义，也就是殖民过程中产生的集体精神病症，集体的异化。

对法农来说，黑人的异化可以比作戴上"白面具"。掌握白人的语言，白人的知识，吸收白人的文化，接受白人的认知标准，几百年来，黑人总是在竭尽全力地戴上白色的面具，希望由此成为堂堂正正的人。而白人的目光射向他，立刻把面具击得粉碎，把他牢牢地固定在原来的位置。他写道："我的太阳穴被打上了食人族、智力低下、崇拜教、人种缺陷、贩奴船等烙印，还有，尤其是，傻大黑粗。"于是，难以进入"人类"的黑人又采取其他策略——法农评述了几部文学作品中的黑人女子形象，想通过婚姻改变命运，甚至改变后代的肤色；也有黑人男子以某种报复心态去接触白人女子。更为重要的是，同时期的几位黑人思想家（以桑戈尔和塞泽尔为代表）甚至提出了"黑人性"理论，肯定非洲文化，弘扬非洲精神，让黑人抛弃自卑感。对此，法农表示理解，但并不赞同。

他认为，黑人被封闭在他的黑色之中，白人被封闭在他的白色之中。真正的问题是必须把人放出来。他通过精神病医生的临床观察发现，歧视黑人与恐惧黑人的白人也是异化的人。对黑人的非理性想象已深入白人的集体无意识中，影响着后者的正常思维。他引述了一个白人精神病患者的治疗笔记，表明在相关情况下，个人心理精神疾病的研究和治疗是不可能从单一的个人角度进行的，只有从全社会范围改变对人种的看法才能产生效果。

《黑皮肤，白面具》一书的独特之处，首先是作者的心理学与精神病学视角。作为一名医生，如何理解黑人的表现和心理疾病，寻找治愈的方式，这是法农的出发点。法农结合自身作为黑人的体验，以及精神病医生的临床经验，摆出了一系列真实具体的事例，把殖民主义对人的心理产生的深刻影响形象地表现出来。

其次，法农的思考也是哲学维度的。他以现象学的方法对某些日常现象进行论证：黑人对自己肤色的认知本身并不存在，或者说黑人之所以成为黑人，只是他者（即白人）目光的投射。他也深受萨特的存在主义思想的影响，并大量借鉴了后者对反犹问题的分析。法农还运用了黑格尔关于相互承认的理论。从这个角度来看，法农的观点不是种族中心论，他不赞成夸大黑人的特殊性，拒绝把黑人群体绝对化，拒绝一切人为的种族壁垒。

另外，本书的哲学思考也离不开对欧洲殖民历史以及殖民地的社会组织形式和政治斗争状况的关注。在作者看来，西欧殖民过程从军事征服到输出语言、文化、人口，逐渐构建出一整套价值系统和社会等级制度，使被殖民者丧失了原有的认知体系和认同机制，成为种族主义的受害者，成为异化的人。

作为医生的法农，不可能面对这些异化的人而满足于冷眼旁观，他要呐喊，他要治病救人："我真的希望让我的黑人或白人兄弟去用力撼动因几个世纪来的不理解而形成的可怕现状。"他强调自己是立足于当下的，而不是在设计虚渺的未来："我绝不会为我死后的世界提建议。我只属于我的时代。"

《黑皮肤，白面具》并不是一部学术著作。尽管不少篇幅（尤其是第四、六、七章）以学术论证为主，材料丰富，旁征博引，涵盖人文科学各领域，但在很大程度上，这既像哲学小品，也像文学评论，甚至是诵读性很强的文学作品。开篇和结语处，一句一行，诗情澎湃，激扬热烈，像呼喊，像呻吟；对黑人的语言以及亲身经历的描述（第一章与第五章）则风趣、直白、冷峻、犀利。作者使用第一人称的时候，黑人的感受给读者带来毫无遮拦的冲击："昨天，我睁开眼睛看到世界，看到天空在翻滚。我想站起来，但空荡荡的寂静把我席卷，捆住了我的翅膀。我无能为力，就在虚无与无限之间，我大哭起来。"

《黑皮肤，白面具》出版之初并未产生特殊影响，但1961年被译成英文之后在20世纪60年代美国黑人的平权运动中被广泛阅读。1986年由后殖民理论学者霍米·巴巴作序的英文版新译本又把法农推入了全球性的后殖民理论大潮之中。而在法国，因阿尔及利亚独立战争引起的政治分歧使得法农的名字多年来被遗忘，后两部著作长期遭禁，知识界也未能对他的思想予以应有的重视和研究。近年来，法国内部在殖民主义遗产问题上出现了众多反思，学界也从2001年开始了对法农思想的重新发现和重新解读。

今天，非洲民族解放运动已经过去半个多世纪，对殖民主义的思考变得更为冷静、客观和人性，而法农的《黑皮肤，白面具》一书正是因为立足于具体的人和人的心理病痛，所以具有超越时代的价值。反种族主义、去种族化，还是强调区别论？法农的思考也可扩展至性别研究、民族研究，带给我们无限的启发。

但是，这本书毕竟是法农短暂一生的早期作品，作者后来的政治主张与行动都发生了很大变化，因此对本书的阅读理解必须结合时代背景与作者的个人生活经历。作者学识渊博、涉猎广泛，而译者尽管得到多方专业人士的帮助，自知无法达到同样的广度与深度，译文之中的不足之处难以避免，请读者批评指正。

张香筠

2021 年 12 月 20 日

开 篇

> 我说的是那些上百万的人,他们被人精心地灌输了恐惧心理,自卑情结,学会了颤抖、下跪、绝望、奴性。
>
> ——艾梅·塞泽尔(Aimé Césaire)[1],
> 《关于殖民主义的讲话》

爆炸不会发生在今天。还太早……或者已太晚了。

我绝对不是带着决定性的真理来的。

我的意识并没有被本真的闪电照亮。

只是,平心静气地,我认为应该把一些事情说出来。

这些事情,我要说出来,不是喊出来。因为喊叫早已离开了我的世界。离得很远很远了……

为什么要写这本书?谁也没求我写。

---

[1] 艾梅·塞泽尔(1913—2008),法国海外领土马提尼克岛出生的诗人、作家、政治家。——译者注

尤其不是给本书的那些读者。

哦？是的，平静地，我回答说，地球上有太多的蠢人。而我既然这么说，就是要证明这一点。

走向新的一种人本主义……

对人的理解……

我们的有色人种兄弟……

我信任你，大写的人……

人种偏见……

理解和爱……

几十页几百页的文字从各处冒出来，向我袭来。可是，短短的一行其实就足够了。只要一个答复，黑人问题就脱离了严肃。

人想要什么？

黑人想要什么？

这两句话肯定会引起我的有色人种兄弟的不满，但我要说，黑人并不是一个人。

有一个非存在（non-être）的地带，一个格外贫瘠和干旱的地区，寸草不生的坡道，在这里也许会有一种独特的现象出现。在大多数情况下，黑人没能实现这样的坠落，向真正地狱的坠落。

人不只是重新开始的可能性，否定的可能性。如果说意识是超验活动，我们也必须知道，这种超验性是由情爱和理解问题来控制的。人是对宇宙之和谐的一种感应。他从中脱离，分散开，被混淆，他注定要发现他所制定的真理一条条地瓦解，这时他必须停止在世界投射与他自身同时存在的某种对立。

黑人是一个黑色的人；也就是说，由于一系列情感方面的错乱，他置身于某个世界中，我们需要把他从中解救出来。

这个问题很重要。我们就是要把有色人种从他自身之中解放出来。我们的行动会相当地慢，因为有两个阵营：白色的和黑色的。

我们会坚持不懈地探索这两种形而上学，我们会发现它们常常是互有消解作用的。

我们毫不同情过去的总督，过去的传教士。对我们来说，热爱黑人的跟憎恶黑人的人一样是"病态"的。

反过来，那种想把自己的人种变白的黑人跟宣扬仇恨白人的黑人一样可怜。

从绝对意义上来说，黑人并不比捷克人更好，实际上，真正的问题是要把人放开。

这本书本来应该在三年前就写出来了……可是那时候我们被真相灼烧着。现在可以冷静地写下来了。没有必要把这些真相扔到人的脸上去。它们并不打算鼓动人的热情。我们不相信人的热情。

每当某个地方出现这类热情的时候，就会有火光，饥荒，灾难……还有，人的蔑视。

热情实在是无能者的武器。

无能者就是那些把铁烧热来打的人。我们是想把人的骨架烧热然后就走。也许我们会达到这个效果：大写的人可以通过燃烧自己来保留火苗。

这个大写的人跳过了由他人的阻力形成的跳板，在自己的肉体中挖掘意义。

本书的读者中只会有个别几个人能够想象我们在写作过程中遇到的困难。

今天的世界处在疑心重重的时代，一帮混蛋甚至说，现在已经不可能辨别意义与无意义了，现在很难走下一个台阶，找回那个意义与无意义的类别还没有被运用的阶段。

黑人想当白人。白人在拼命制定人的标准。

我们可以看到本书在试图理解黑人与白人的关系。

白人被封闭在他的白色之中。

黑人被封闭在他的黑色之中。

我们要试图来定义这两种自恋倾向，明确它们的由来。

我们刚开始写的时候，还不以为需要把结论说清楚。

我们只想终结一种恶性循环。

这是事实：一些白人自认为比黑人高等。

这也是事实：一些黑人竭尽全力想向白人证明自己的思想丰富，自己的智力与白人一样发达。

怎么走出这个循环？

刚才我们使用了自恋这个词。我们认为只有给黑人问题进行一种精神分析解读,才能揭示出造成这种情结的情感失常。我们就是要对这个错乱的整体进行彻底分析。我们认为一个人应该可以承载人类与生俱来的普遍性。我们在论证这点的时候,是把戈比诺(Arthur de Gobineau)[2]这样的男性和玛约特·卡佩霞(Mayotte Capécia)这样的女性同样看待的。不过,在达到这个前提之前,需要首先来澄清一系列儿童期的残留认识。

尼采说,人的不幸,就是曾为孩子[3]。可是,我们不能忘记,正如沙尔乐·欧迪埃(Charles Odier)所说的,神经症患者的命运在他自己手中。

尽管这句话很难说出口,但我们不得不说出来:对于黑人来说,只有一种命运。这种命运是白色的。

在正式开始之前,我们要说明一下。我们的分析是心理学的分析。但是,我们清楚,消除黑人异化问题是需要与经济和社会方面的研究相结合的。如果说自卑情结是存在的,那么它来自两个方面。

首先,是经济方面。

其次,自卑的概念被内化,可以说已成为肌体的一部分。

弗洛伊德反对19世纪末期的唯体质论倾向,从精神分析角

---

[2] 戈比诺(1816—1882),法国外交官,作家。因著作《人种不平等论》中发展了"雅利安人主宰种族"理论而出名,被认为是纳粹意识形态的重要来源。——译者注
[3] 据考证,这一句并非来自尼采,而是来自波伏娃1947年发表的一篇文章《为了一种模糊道德》(«Pour une morale de l'ambiguïté»)。——译者注

度提出了个体差异的问题。他提出以个体发生学来取代系统发生学。我们会发现，黑人的异化问题不是个体的问题。在系统发生学和个体发生学之外，还有社会发生学。如果沿着勒孔特（Leconte）和达梅（Damey）的思路，也可以说，我们做的是社会学诊断。

诊断结论是什么？

然而，与生化反应不一样，社会是无法逃避人的影响的。社会是人的产物。诊断结论就在那些愿意撼动腐朽建筑根基的人手里。黑人要从两个层面斗争：因为两个层面互为因果，任何单方面的解放都是不完全的，而最严重的错误就是以为这两个层面机械地相互依存。其实，事实证明，没有自动的相互依存。我们会在本书中予以说明。

这一次，现实要求我们必须全面地理解。客观层面和主观层面都需要找到解决方案。

还有，我们用不着带着那种"都是我的错"的神情来宣告要拯救灵魂。

要想真的消除异化，必须让各类事物，从纯粹唯物主义的角度，重新回到其本身的位置。

一般的心理学著作都需要首先说明自己的方法论。我们不打算这样做。我们把方法论留给植物学家和数学家。方法在某一点上会自动消失。

我们就想处在这个点上。我们要试图发现黑人在白人文明面前采取的不同态度。

"丛林里的野人"不在我们课题的范围之内。因为对他来说,有些因素还没有什么分量。

我们认为,由于白种人与黑种人在一起,便产生了一种心理及存在方面的情结。我们希望通过对此进行分析来消除这种情结。

很多黑人并不处在下文描述的情况之中。

很多白人也是。

但是对我来说,自己不属于精神分裂症病人或是性无能者这一点并不能说明这两种问题不存在。

下文描述的态度都是真实的。我已经见到过无数次。

在大学生之中,工人之中,毕加尔红灯区或是马赛的老鸨之中,我都观察到同样的攻击性和被动性。

本书是一部临床研究。如果有人在书中认出了自己,那么,我认为他已经向前走了一步。我真的希望让我的黑人或白人兄弟去用力撼动因几个世纪来的不理解而形成的可怕现状。

本书的构架是建立在时间概念上的。人类的任何问题都需要从时间入手来思考。我们的愿望是让今天为建设明天服务。

这里说的明天并不是宇宙的明天,而是本世纪的明天,我的国家的明天,我自己的明天。我绝不会为我死后的世界提建议。我只属于我的时代。

我必须为我的时代活着。未来应该是生存者支撑起来的建筑。这个建筑与当下紧密相连,因为我把当下作为需要超越的事物。

前三章是关于现代黑人的。我研究的对象是当前的黑人，我试图描述他在白人世界的态度。最后两章则是对黑人的存在进行精神病理以及哲学方面的分析。

分析的方式主要是倒叙的。

第四章与第五章的内容完全不同。第四章里，我在批评一部著作[4]，我认为它很危险。作者马诺尼[5]先生其实意识到了自己的观点很不明确。也许这是他这本书的优点。他想讲述一种状况。我们有权说我们对他的书不满意。我们有义务向作者指出我们与他的不同看法。

第五章的题目是"黑人的亲身经历"，这一章很重要。这里展示的是黑人如何面对自己人种的问题。我们看出这一章的黑人与前面要睡白种女人的黑人没有任何共性。我们发现后者有一种当白人的欲望。或者至少是一种报复的欲望。而这里相反，我们看到的黑人在拼命寻找自己黑人身份的意义，却毫无所获。白人文明和欧洲文化强加给黑人的是一种生存轨迹的改变。我们还将展示，被人们称为黑人灵魂的东西，实际上常常是白人的构想。

进化了的黑人，被黑人神话所困，天性自然，向往宇宙，他会在某个时候感觉他的人种不理解他了。

或者说他不理解他的人种了。

---

[4] 马诺尼（Octave Mannoni），《殖民地心理》（*Psychologie de la colonisation*），1950。
[5] 马诺尼（1899—1989），法国哲学家、人类学家和精神分析师。——译者注

这时，他很满意，就在产生这种不同，这种不理解，这种不和谐的过程中，他找到了他作为人的意义。但也有个别情况，他想属于他的同胞。这使他嘴唇颤抖，头晕目眩，坠入那个深深的黑洞中。我们会看到，这种本身非常美好的态度，会以神秘过去的名义，拒绝当下和未来。

作为安的列斯群岛人[6]，我们的观察与结论都只能用于安的列斯人——至少在有关黑人在自己家的这方面。安的列斯人和非洲人的不同之处还需要新的研究来解释。我们也许将来会做。但也许将来没有这个必要了，那就再好不过了。

---

[6] 本书作者弗朗茨·法农来自法属安的列斯群岛的马提尼克岛。马提尼克岛于17世纪即被法国占领，属于后文所说的"老殖民地"，岛上的居民绝大多数是贩奴时代从非洲运来的黑人后代。——译者注

第一章　黑人与语言

　　我们认为语言现象是极为重要的。因此我们觉得观察话语非常必要，可以帮助我们理解有色人种"为他"的这一层面。这正是因为，说话就是绝对地为他人存在。

　　黑人有两个层面。一个是对待他的同种人的，另一个是对待白人的。黑人在对待白人和对待另一个黑人的时候表现是不一样的。如果说这种区别是殖民主义历史的产物，这种说法肯定没有问题……如果说这种区别也催生了那些宣扬黑人是猿进化到人的中间步骤的各类理论，这也是不争的事实。这些都是明显的客观事实。

　　但是，当我们指出了这种状况，我们也理解了这种状况，我们觉得好像任务就完成了……然而，当我们走下历史的台阶时，怎么会听不到这个声音呢："现在的问题不再是了解世界，而是改造世界。"

　　我们的生活也面临这个严重的问题。

　　说话，就是要运用某些句法，掌握某种语言的基本结构形式，但更是要承受某种文化，承载某一文明的重量。

因为现状并非是单向的，本文将反映出来。请读者耐心阅读，有些论点在开始也许显得站不住脚，但事实会逐渐证明其正确性。

本章论述的主要问题如下：安的列斯黑人正是因为把法语当成了母语，才显得白了一些，也就是说与真正的人更为靠近了。我们知道，这就是人在面对大写的存在时的一种态度。拥有语言的人也因此拥有了语言所表达的并与语言相关的世界。我们的意思应该显示出来了：对语言的占有是有一种特殊的威力的。保罗·瓦莱里就知道这点，他把语言当成：

迷失在身体中的神。[7]

我们正在写另一本书，[8]书中会探讨这个现象。

现在，我们要指出的是，安的列斯黑人，无论哪一个，为什么总是需要面对语言。接下来，我们会拓展描述的范围，指向安的列斯人之外的所有被殖民者。

所有被殖民的民族，也就是说所有因自身文化特色被埋葬而产生了自卑情结的民族，面对文明国家的语言，也就是宗主国的文化，有一种低人一等的情结。当被殖民者完全被宗主国的文化价值所同化的时候，他就完全脱离了他的丛林。当他拒

---

[7] Paul Valéry, «La Pythie», *Charmes*, 1922.
[8] 指 *Le langage et l'agressivité*（《语言与攻击性》）。

绝了自己的黑色，抛开他的丛林的时候，他就会变白。在殖民地军队里，尤其是在塞内加尔步兵纵队里，土著军官首先都是翻译。他们的任务是向自己的同胞传达指挥官的命令，因此他们也享有一定的荣耀。

有城市，有乡村。有首都，有外省。表面上看，问题都是一样的。比如说，一个里昂人在巴黎，他会夸耀老家的安宁，罗讷河两岸的美景，高大的梧桐树，以及很多无所事事的人歌中所唱的东西。如果你碰到他从巴黎回来，恰好你又没去过巴黎，他就又会吹嘘巴黎：巴黎是艺术之都，塞纳河，河边的舞场，去过巴黎就死而无憾了……

马提尼克人也是一样。先是在他的岛上：首先是巴斯端、马里格、格罗莫纳这些小地方，相对的是繁华都市法兰西堡。然后，这才是最主要的，他的岛外。去过法国本土的黑人就是半个神。我可以讲一个我的同乡人人都知道的事情。很多安的列斯人，在法国本土生活过一段时间后，衣锦还乡。在他们面前，那些"土著人"，就是从来没有离开过老家的那些人，人称"闭塌哥"的，就表现得特别奇怪。在法国本土居住过的黑人回来以后变化很大，用遗传学的术语来讲，我们可以说他的表型发生了完全的蜕变。[9]在他临出发前，我们就感觉到他的步履非常轻盈，他的身上出现新的力量。当他遇到朋友或同学的时

---

[9] 我们说的是，回到家乡的黑人给人感觉已经完成了轮回，他们身上增加了某些原本缺乏的东西。他们真的使自己"充实"了。

候，我们这位"即将出发者"不会习惯性地挥动肱二头肌，而是微微地点头。他的声音，一改平时的沙哑，让人觉出一种特别的底气。因为黑人知道，到了法国，在勒阿弗尔或者马赛，别人会问他，他会回答："我是马迪（提）尼可（克）来的，我底（第）一次来发（法）国。"[10]他知道诗人说他的克里奥尔（Créole）语口音很美，但事实上他说的是介乎黑人土话和法语间的中介语。安的列斯群岛的富人一般都不说克里奥尔语，除非是跟仆人说话。在学校，马提尼克孩子都学着鄙视土话。我们说那是克里奥尔现象。有的家庭不允许使用克里奥尔语，如果孩子说克里奥尔语，母亲就会训他们是"小混蛋"。

> 我母亲希望儿子像一个记事本
> 如果你的历史课还没记住
> 你就不能星期天穿着漂亮衣服去教堂
> 这个孩子就是家庭的耻辱
> 这个孩子就是一个逆子
> 你闭上嘴我说了你应该说法语
> 法国的法语
> 法国人的法语
> 法国式的法语[11]

---

[10] 此处译文是在模仿马提尼克人的法语口音。——译者注
[11] 达玛斯（L-G. Damas），《色素》（*Pigments*）[达玛斯（1912—1978）是出生于法属圭亚那的诗人。——译者注]，1937。

是啊我得注重口才，因为人家就是通过这个来看我的……人家会议论、看不起我，说我连法语也不会说。

在一群安的列斯人中，如果有一个善于表达、语言水平高的，大家都会怕他；大家都对他很在意，他就算一个准白人。在法国，人们说：说得跟书本一样。在马提尼克，人们说：说得跟白人一样。

来到法国的黑人会想方设法与口音问题作战。他会责怪自己，会与自己抗争。他会尽量地纠正自己发不好的音，甚至夸大那些音。他会认真观察别人的反应，倾听自己说话，控制自己舌头的懒惰，他长时间把自己关在房间里朗读，努力地练习发音。

前不久，一个同学给我们讲过这样一个故事。一个马提尼克人到了勒阿弗尔，走进一家咖啡馆，充满自信地招呼："服务远-安！一倍屁酒。"[12]这简直是登峰造极了。就因为怕口音不好，他过分使劲地发音，可到后半句又拐不过来了。

有一种心理现象，是相信打破界限就能开放世界。被拘禁在自己岛上的黑人，因看不到任何出路而绝望，觉得欧洲是自由的呼唤。因为说实在的，塞泽尔在他的《回乡札记》中描写得过于宽容了。这个城市，法兰西堡，确实是平坦的，就那么堆在海岸上。那一边，太阳倾泻而下，"这个城市，平坦的，延

---

[12] 马提尼克人口音的最大特点是发不出"r"这个辅音，因而常常造成笑话。此处的例子是前半句过于使劲地发 r 这个音，而后半句却发不出来了。——译者注

展的，歪歪扭扭不合常理的，懒洋洋的，在无穷无尽的十字架重负下气喘吁吁的，不认命的，无声的，总是怒气冲冲的，无法按照自己的本性发展，尴尬的，被裁剪，被缩小，被植物和动物抛弃"[13]。

塞泽尔笔下的城市毫无诗意。我们可以想象，黑人在宣布自己即将进入法国的时候（就好像过去人们要宣布"进入上流社会"一样），他是多么快乐，他要改变自己。而且，他不需要立题研究，他完全不用通过反思的方式就能改变自己的结构。美国有一个研究中心，由皮尔斯（Pearse）和威廉森（Williamson）领导，名为"佩克姆中心"（Peckham）。那里的研究人员发现，结婚后的人会出现某种生化变异，据说，他们还发现一名孕妇的配偶体内出现某些荷尔蒙。我们将来也应该研究一下黑人到达法国后是否会出现某些荷尔蒙紊乱问题。或者，我们可以单纯地通过测试来观察他们在出发前和到达法国一个月之后的心理机制变化。

在一般被称作人文科学的方面有一个难题。是不是应该设定一种典型的人类，描述这种人类的心理机制，只考虑不完美的方面？还是应该去努力理解具体的人，并且不断从新的角度去理解？

我们曾读到，人到了二十九岁就不会爱别人了，然后要等到四十九岁他的情感才会重新出现，读了这个我们觉得地动山

---

[13] 塞泽尔，《回乡札记》(*Cahier d'un retour au pays natal*)，1947，p. 30。

摇。要想摆脱这些,必须马上把问题理清楚,那就是,这些研究,这些发现的目的都是让人感到自己什么都不是,绝对什么都不是,然后不再自我欣赏,不再觉得自己跟其他的"动物"是不一样的。

这就是要制服人类。

不管怎样,我就是要自我欣赏,我拒绝那些想把人变成机器的理论。如果在哲学层面没法探讨这个问题,也就是说没法探讨人类的根本追求,那我愿意从精神分析方面来讨论,也就是讨论那些"毛病",就像人们说的,机器也会出毛病。

来到法国的黑人会改变,因为法国本土对他来说就是神殿;这不仅是因为这里产生了孟德斯鸠、卢梭和伏尔泰,也是因为所有的医生、科室主任、无数的小官僚(从"十五年军龄"的排长到帕尼县来的普通宪兵)都是从法国来的。到处都有一种对远方的向往,当他说一周后要去法国本土,他周围就会出现一圈光环,巴黎、马赛、索邦大学、毕加尔红灯区这些词就是耀眼的光束。他出发的时候,大家看到轮船,他本人的存在似乎就消失了,他在送行者眼中看到自己的伟大,自己的升华。他说:"再见了,花花绿绿的头巾(安的列斯群岛女性的头饰)……"

大家把他送到港口,他上船了,再见吧。现在我们去看另一个,刚从法国回来的。"登陆者"第一眼就很明显:他只说法语,他甚至听不懂克里奥尔语了。这方面的民间故事很能说明问题。一个农民,在法国待了几个月后回到老家,看到一个耕地的农具，他问他父亲：这个器具的名称是什么？他父亲是个倔脾气老农，一句话不说，把农具朝他脚面扔过去，他的记忆马上恢复了。这种治疗真是很少见。

看，这儿就有一个"登陆者"。他不愿意听人家说土话，他谈论巴黎歌剧院，哪怕他只是远远地经过一次，他尤其是对老乡们很看不惯。无论出了什么事，他的反应总是跟别人不一样。他什么都知道。他一说话就会表现出来。萨凡纳公园是法兰西堡年轻人喜欢扎堆的地方，去那里看看就知道了："登陆者"是最有发言权的。青少年们一放学就会跑到萨凡纳公园，似乎萨凡纳公园有一种诗意。设想一下，一个长两百米、宽四十米的场地，两边有棕榈树围住，高的是一座巨大的死难者纪念雕塑"祖国母亲感谢为国牺牲的孩子"，对面低的是中心酒店；地上是高低不平的石板，小石子儿在脚下滑动。就在这个空间，三四百个年轻人，上上下下地跑，碰撞，产生交集；不，他们从无交集，然后就散了。

——你好吗？
——挺好的。你呢？
——还行。

就这个样子，五十年如一日。没错，这个城市就这么悲惨地堆在那里。人的一生也是。

他们聚在一起，聊天。"登陆者"为什么很快就获得发言权,是因为大家都在等他。大家首先要看看他的表面功夫:只要他出一点点错,大家就不会放过,不出四十八小时整个法兰西堡就传遍了。他既然表现出比别人高一等,那么谁也不会原谅他出错。比如,他说:"我在法国没有碰到骑警。"那他就完了。他只有一个选择:要么放弃他的巴黎信仰,要么当场去死。因为谁也不会忘记这句话,将来他结婚生子以后,他妻子会知道他的这段故事,他的孩子也得面对他的这段历史。

这种性格变换的根源在哪儿?这种新的存在方式是怎么来的?达穆莱特(Damourette)和毕匈(Pichon)说过,任何话语都是一种思维方式。一个刚刚回乡的黑人,如果使用一种他所属群体不熟悉的话语,就会表现出一种不合,一种分界。维斯特曼[14](Diedrich Westermann)教授在《今日非洲人》一书中说,黑人中有一种自卑感,尤其是进化了的黑人,他们总是在尽量地控制这种自卑感。他写道,这些人控制的方式是非常幼稚的:"穿欧洲人的服装,或者最时髦的装束,使用欧洲人的用具,接受欧洲人表面的文明形式,把欧洲语言夹杂在当地语言中,用欧洲语言说话或书写的时候使用夸张的句式,总而言之,所有这些,目的都是试图达到某种与欧洲人及其生存方式平等的感觉。"

我们也将参考其他的研究成果,再结合我们自己的观察,

---

[14] 维斯特曼(1875—1956),德国传教士,非洲学家,专攻非洲语言。——译者注

来展示黑人为什么在欧洲语言面前占据了一种特别的位置。我们再次强调，此项研究的结论只适用于法属安的列斯群岛。当然，我们不否认同类的表现可能出现于任何有过被殖民经验的族群之中。

我们都见过，而且现在还经常遇到这种情形，有些来自达荷美或者刚果的同学自称是安的列斯群岛来的；我们也见过，而且现在还经常遇到，一些安的列斯人在被当成塞内加尔人的时候非常恼火。这是因为安的列斯人比非洲黑人"先进"，就是说他离白人的距离比较近，这个差距不只是在大街上表现得出来，在政府机关、军队里都会体现出来。在步兵连里服过兵役的安的列斯人都经历过这种场面：一边是欧洲人，加上老殖民地或祖籍欧洲[15]的，另一边是步兵[16]。我记得有一天，行动之中，需要派人去拿下一个枪械库。三次都派塞内加尔人去，但是三次都被打回来了。于是，其中的一个问，为什么不让白人去。这种时候，人家就会搞不清楚他自己是什么人了，究竟是白人，还是土著人。不过，这种情况对于很多安的列斯人来说

---

[15] 老殖民地指的是瓜德罗普、马提尼克、圭亚那和印度洋中的留尼汪岛等16、17世纪建立的殖民地，20世纪中期后成为法国的海外省；而19世纪之后占领的新殖民地，20世纪中后期多已独立。瓜德罗普与马提尼克同属大西洋与加勒比海之间的安的列斯群岛，作者在不需区分时往往使用"安的列斯人"。——译者注
[16] 步兵一般指塞内加尔步兵，因为于1857年在塞内加尔创建，后来常常泛指法国军队中所有来自非洲法国殖民地的黑人士兵。这里所说的新殖民地（包括塞内加尔在内的非洲国家），是法国在19世纪以后占领的殖民地。——译者注

都不算什么，好像很正常。难道还想把我们当成跟黑人一样的吗！欧洲的兵看不上步兵，安的列斯人理所当然在黑人之上。更有甚者，而且是很好笑的例子：我和一个马提尼克人聊天，他愤愤不平地说，有个瓜德罗普人居然胆敢冒充马提尼克人。他告诉我，幸好别人很快就发现了，瓜德罗普人比我们野蛮嘛；也就是说，他们离白人更远一些。人都说黑人喜欢叽叽喳喳；一说出"叽喳"这个词，我就看见一群孩子兴高采烈，向世界呼喊，粗野地喊叫；一群玩耍的孩子，玩耍就是学习生活的一个步骤。黑人喜欢叽叽喳喳，接下来不用多绕就可以得出结论：黑人也就是个孩子。精神分析学家已经知道了，这里马上就可以使用"口语性"这个术语。

但是我们不能停留在这里。话语问题是个大问题，此文不可能完全展开。皮亚杰（Piaget）的研究告诉我们要把话语出现的过程分成不同阶段；杰尔博（Gelb）与古尔斯坦（Goldstein）的研究指出，语言功能的配置是台阶式的，分程度的。本书关注的是黑人如何面对法语的问题。我们要试图搞清楚安的列斯人为什么愿意说法语。

萨特在《黑人与马尔加什人诗歌选编》序言中写道，"黑人诗人将与法语决裂"，但是这不符合安的列斯群岛诗人的情况。这方面我们更赞成米歇尔·莱里斯（Michel Leiris）的看法，他不久前还针对克里奥尔语问题写下这样的文字：

"克里奥尔语尽管目前还属于大家都多少了解一些的俗语，但只有不识字的人在讲，因为他们不懂法语，不过，它迟早一定会成为留存下来的语言,只要对社会底层民众的教育普及起来(但是这个过程很慢,因为学校的数量还是太少,公共读书方面的活动缺乏,而且物质条件往往还太糟)。"他还写道:"对于我关注的那些诗人,我不是说他们要故意显出是'安的列斯群岛人'(在维护语言文化的层面),非得使用某种借用语言,况且这种语言哪怕本身很有价值,还很缺乏向外的感召力,我是说在那些充满种族偏见的白人面前,面对那些人毫无理由的傲慢,他们应该充分表现自己的个性。"[17]

曾经有一个吉尔伯特·格拉希昂(Gilbert Gratiant)用方言写作,但这是很少见的。另外,此类创作的文学价值还并未被证实。不过,一些从沃洛夫语或是富拉语翻译过来的作品非常好,我们对塞内加尔学者迪奥普(Cheikh Anta Diop)的语言学研究很感兴趣。

安的列斯群岛完全是另一回事。岛上正式讲的语言就是法语;小学老师密切注意着,不让孩子们说克里奥尔语。原因前面已经谈过了。所以,问题看上去是这样:安的列斯和布列塔尼一样,一边有方言,一边有法语。但这是错的,因为布列塔尼人不会觉得自己比别的法国人低一等。布列塔尼人不是被白人教化的。

我们不打算把太多的因素包括进来,不然的话很难划清楚

---

[17] 莱里斯,《马提尼克-瓜德罗普-海地》(«Martinique-Guadeloupe-Haïti»),载于《现代》(*Les Temps Modernes*)杂志,février 1950, p. 1347。

探讨的范围。可是,我们必须告诉黑人,决裂的态度从来都没有拯救过任何人。如果有人使我窒息,我确实无法呼吸了,我应该挣脱出来,但这只能是身体层面的,解决的是呼吸困难的问题;而往心理层面是没法做移植的,所以不能引申。什么意思?意思就是,如果一个安的列斯人,大学哲学系毕业后说因为肤色问题,不去参加哲学教师资格考试,我想跟他说,哲学从来没有拯救过任何人。如果另一个拼命地向我证明黑人跟白人一样聪明,我会跟他说:聪明也没有救过任何人。就是这样,因为如果可以用聪明和哲学的标准来宣布人人平等,那人家也可以以这个名义来消灭人。

我们还需要澄清一些问题。我这里所说的,一方面是异化的(被愚弄的)黑人,另一方面是并非不异化(愚弄者和被愚弄者)的白人。如果碰到萨特或者威尔迪埃(Verdier)主教,他们会说黑人问题不能再继续下去了,我们只能认为他们的态度是正常态度。我们也可以找到别的名言和参考书目,证明"肤色偏见"的确是一种愚蠢,一种罪恶,需要消除。

萨特在《黑色的俄耳甫斯》(«Orphée noir»)[18]一文开始这样问道:"当你们拿掉堵住黑人嘴巴的布条的时候,你们以为他们会怎么样?张嘴歌颂你们?我们的父辈用暴力逼他们低了头,你们说说,等他们直起身以后,眼睛里会充满对你们的热

---

[18] 萨特为前文提及的《黑人与马尔加什人诗歌选编》(*l'Anthologie de la poésie nègre et malgache*)所作序的题目(«Orphée noir», 1948, p.IX)。

爱?"我不知道,但是我眼睛里只会有某种疑问,永远不会消失的疑问,别的什么都没有;没有感激,也没有仇恨。如果我要喊叫的话,不会是黑人的喊叫。不会,在我们此书的思路中,没有黑人的问题。或者说,如果有一个黑人问题,那么白人只是碰巧注意到的。这是一个发生在黑暗中的故事,我必须把阳光带进来,照亮每个角落。

内罗毕的马塔里精神病医院的格尔顿(H.-L. Gordon)医生在东非《医学杂志》发表的一篇文章中写道:"经过对一百个正常土著人的大脑进行最为严密的观察,肉眼即可发现一部分人新脑缺失,也就是说,看不到进化最后阶段的典型脑细胞。而且,这种残缺比重达到14.8%。"[引自阿兰·布恩斯(Alan Burns)爵士[19]]

有人说黑人处在猿猴向人(即白人)过渡的阶段;但布恩斯爵士写到第一百二十页时才说:"这个理论认为黑人比白人低级,或者说他们来自另一个分支,可是我们无法找到它的科学依据。"以下说法的荒唐之处也显而易见:"白种人和黑种人的分隔将延续到天堂,被上天接应的土著人会被带到《新约》规定的有特殊标志的房子里。"还有,"我们是上帝的宠儿,我们的肤色证明了这一点,黑种人和黄种人的颜色是他们罪孽的表现"。

---

[19] 阿兰·布恩斯,《种族与肤色偏见》(*Le Préjugé de race et de couleur*),1949,p.112。

是的，如果我们呼吁人性，呼吁尊严，爱，慈善，就会很容易证明或者接受这一点，即黑人与白人是平等的。然而我们的目的不是这个：我们要的是帮助黑人摆脱这种殖民境遇中产生的情结怪圈。里昂帕克中学的阿希尔老师在一次演讲中讲到自己的经历。这个经历大家都知道。在法国的黑人基本都经历过。他是天主教徒，参加了一次大学生朝拜活动。当时负责的神父发现了这个肤色黝黑的人，就跟他说："你，那边，热带草原，为什么，这里，跟我们？"神父得到一个彬彬有礼、字正腔圆的回答后，自然非常难堪。大家哄笑之后，朝拜活动得以继续。但如果我们思考一下这个事情，就会发现，神父的这种"小黑人"说话方式可以有多种解释：

一、"黑人嘛，我了解；我们要和蔼地跟他们说话，说他们的家乡；学会跟他们说话不是容易的事。得这样……"我们没有夸张，一个白人跟黑人说话就像是大人跟小孩说话，语速很慢，用简单的词，停顿，重复，装细嗓子。我们观察过上百个白人，没有专门以某种类型的人为目标，可以说是基本客观的。我们观察过医生，警察，工地老板等。读者这里会说我们跑题了，说我们应该关注别的方面，说有的白人不符合我们的描述。

我们要对他们说，我们这里针对的是那些被愚弄者和愚弄者，那些异化的人；另外，如果有的白人面对黑人的表现很正常，这不是我们的课题。就好像如果我的病人肝脏很好，我不会去说：他的肾脏没有问题。肝脏一切正常的话，我就不用关注肝脏，而可以去关注肾脏；这时我发现，正是肾脏出了问题。也就是说，正因为有正常人按照人类心理的标准表现正常，才有另一些人的行为被定义为不正常，表现出病态。而且，是这些人的存在造成了某些现状的发生，我们则希望通过我们的努力杜绝这些情况再次发生。

以此类方式与黑人说话，就是为他们着想，让他们感到轻松，也就是便于他们理解，让他们放心……

门诊部的医生都知道。他们看了二十个欧洲病人，一开始都会说："先生请坐……，您为什么来就诊？……哪里不舒服？……"但如果一个黑人或阿拉伯人进来了，他们就会说："坐下吧，伙计……你怎么了？……哪儿疼啊？"——甚至是："你，啥，怎么啦？"

二、这样跟黑人说话，就是让他反感，因为他被当成了一个"小黑人"。但是人们会说，这不是故意要惹他反感的。我们同意这不是故意的，但就是因为这种并非故意，这种不由自主，自然而然，黑人就轻易地被防备，轻易地被投入监狱，被当成原始人，被当成未进化的人，所以这让他反感。

如果这样对待黑人或是阿拉伯人的人不觉得这种表现有什么不好，就说明他从来没有动过脑子。我个人常常在跟病人问诊的时候，会感觉到什么时候说得不对了……有一次面对一个智障的七十三岁农妇，失智加重期，说着说着我突然发觉连线断了，我没法感触病人了。如果我采用一种专门面对失智病人，对智障病人的说话方式，如果我去为这个可怜的老太太

"着想"，如果我为了诊断去替她"着想"，这就是一种不经脑子的固定思维。

人家会说我，你太理想化了。不是，是因为那些人都是混蛋。我个人总是以标准法语跟病人说话，他们也都能听懂。他们怎么回答是他们的问题，但是我绝不会设想别人不懂。

——你好，伙计！你痛痛吗？哦呀？说说好不好？肚子？心？

加上一种专门的腔调，门诊部的医生很熟悉的。

如果回答的语言也是同样的，问话的人就很得意。"你们看，没人开玩笑，他们就是这么说话。"

如果情形并不如此，他就得重整旗鼓，正襟危坐。因为他想象的世界塌了。一个黑人居然字正腔圆地说："先生，我可不是您的伙计……"这世界怎么变样了。

但是还要看看下面的。你坐在咖啡馆里，在鲁昂，或者斯特拉斯堡，不巧被一个醉汉老头儿看见了。他过来，坐在你旁边，说："你，非洲人？达喀尔，吕菲斯克，窑子，女人，咖啡，芒果，香蕉……"你站起来，赶紧离开，身后还有一串粗话追着你："臭黑鬼，你在你老家可没这么讲究啊！"

马诺尼先生著作中描述过他称为"普洛斯彼罗"情结的现象，我们后面将专门予以说明，他的发现可以帮助我们理解殖民地心理。不过我们现在就可以这样说：

用"小黑人"方式跟黑人说话，就相当于对他说："你，从哪儿来回哪儿去。"

我碰到过不会说法语的德国人或俄国人。我比画着,尽量提供他问询的情况,但是这个过程中我就不会忘记,他有他自己的语言,自己的国家,他可能是个律师或工程师什么的。我会想,他不属于我们,他的参照标准都是不同的。

碰到黑人的时候,就不同了。黑人没有文化,没有文明,没有"历史"。

这就是为什么当代黑人在尽力地、不惜代价地向白人世界证明黑人文明的存在。

黑人,无论愿意不愿意,都得穿上白人强加给他的制服。看看儿童画册里,黑人总是在毕恭毕敬地说:"是,先生。"电影里的故事更为离奇。大部分在法国配音的美国电影里都有傻大黑粗的典型黑人。在近期的一个影片《铁鲨》(*Requins d'acier*)中,一个黑人在一条潜水艇里,说的是最老套的俚语。而且,这个黑人总是走在别人后面,长官一发火他就吓得发抖,最后死掉了。但我敢肯定原版里说话方式不是这样的。即便原版是这样的,我也不懂在法国这样一个民主国家,有六千万有色人种的国家[20],为什么给美国电影配音会配成这种愚蠢不堪的样子。也就是说,黑人总是某一种形象,无论是影片《毫不心软》(*Sans pitié*)中说"我,好工人,我,不说谎,我,不偷"的黑人,还是《阳光下的决斗》(*Duel au soleil*)中的女仆,都是同类的刻板印象。

---

[20] 这里的数字是法国殖民帝国范围内的数据。——译者注

是的，人总是要黑人当个好黑人，这个底子打好之后，其他都顺其自然。他开口就是"小黑人"的法语，这就把他和他的形象联系在一起，粘住，不能脱离，永远成为他的本质的牺牲品，永远被困在这种外部强加的形象中。当然，就像一个犹太人大肆挥霍显得非常可疑，一个黑人读孟德斯鸠肯定不正常。不正常的意思就是，他肯定是要搞什么事情。不过，我不是说一个黑人大学生在他的同学和老师眼中有什么可疑之处，而是说在大学之外有大量愚蠢的行为，问题不在于要教育这些人改正，而是让黑人不再成为某种成见的奴隶。

那些愚蠢的人是一整套经济心理结构的产物，我们知道。但是认识到这一点不能解决什么问题。

非洲的白人种植园主还有这样的说法：我们的敌人，就是小学老师。

我们可以确认，欧洲人对黑人有一种固定的概念，所以最让人无法忍受的就是人家对你说这句话："您什么时候到法国的？您法语说得很不错。"

人家可以解释说因为很多黑人说的都是"小黑人"法语。但这个解释太简单化了。比如你在火车上问路：

——对不起，先生，请问餐车在哪里？
——哦，小伙计，你看，过道，一直，往前，一个车厢，再一个车厢，第三个，在那儿，餐车。

的确，说"小黑人"法语，就是禁锢黑人，就是延续那种冲突关系，让白人把有毒物质注入黑人的体内。黑人正确使用法语是令人激动的，因为他接受了白人的世界。我们经常与外籍大学生交谈。这些学生法语说得不好，但那个小鲁滨孙，外号普洛斯彼罗的，就非常自在。他给他们讲解，评论，帮他们补习功课。面对这个黑人，大家都惊讶不已：哦，他赶上来了。面对这个黑人，不能再开玩笑了，他给白人上了一课。大家要服气哦。[21]

以上的论述说明，黑人的第一反应就应该是不接受别人给他设定的框架。就是说，黑人的第一个行动其实是一种反向的行动，因为人们对黑人的评价标准是被同化的程度，那么那位"登陆者"说法语的举动就是很自然的。他在强调自己与老家的断裂。他正在成为另一种人，他要显示给他父母和伙伴。他跟老母亲说他的睡袍，说凌乱的蜗居，说劣质房屋，母亲不知所云……并且他的新口音跟他的话题是完全搭配的。

世界各地都有只喜欢高处的人，就是说"在原处没感觉了"，也有相反的，"保持本色"的人。一个从法国本土回到

---

[21] "我在医学院认识不少黑人……总的说来令人失望；他们的肤色应该让他们向我们要求帮助，要求善意，谅解和友好。可是他们不成全我们，我们的良好意愿难以实现。我们的温情和善意就送不出去。我们没有黑人可以怜悯，也没有恨他们的机会；他们跟我们几乎一样，在日常工作和作弊小动作中度过。"选自米歇尔·萨罗蒙（Michel Salomon），《从一个犹太人到很多黑人》«D'un juif à des nègres»，《今日非洲人》(Présence africaine) 杂志，1949，n° 5，p. 776。

安的列斯群岛的人,如果想表现什么都没有改变,就会说土话。亲友去码头接他的时候就能知道这一点。他们去接他的意图,不只是因为他回来了,也是要看看有什么变化。他们只要一分钟就能看出来。如果他见到亲友们就说:"很高兴回到你们中间。天哪,这里很热哦,我恐怕很难适应了。"他们就明白了:这是个欧洲人来了。

还有一种特殊情况,一群安的列斯学生在巴黎聚会,会有两种可能:

· 融入白人社会,也就是真正的社会,他们都说法语,但他们还是会发现一些问题,他们往往能得出某种普遍主义的结论;

· 或者排斥欧洲,"哟"[22],他们一起说土话,搞出一种舒服的马提尼克"生态环境"。也就是说(这只适用于安的列斯老乡们),无论是在巴黎还是在其他有大学的城市,万一有一个人认真地考虑某个问题,别人就会说他出风头,然后就逼着他说克里奥尔语,那么他很快就没话说了。就是这个原因,很多原来的朋友在欧洲住了几年之后就一刀两断了。

我们的话题是消除黑人异化问题。我们希望每次当黑人与

---

[22] 克里奥尔语中一种指代别人的方式,尤其是欧洲人。

白人无法沟通的时候，他们能够感觉到自己没有冷静地思考。

如果一个塞内加尔人学说克里奥尔语，想假装安的列斯人，我认为这里有异化问题。

安的列斯人发现这个，就拼命地嘲笑，我认为这也缺乏冷静的思考。我们可以看出，对安的列斯人的语言问题进行研究确实能够展现出关于他生活圈的某些特点。我们前面提过，语言和群体有着互相支撑的关系。

讲一种语言，就是接受一个世界，一种文化。安的列斯人想做白人，他越掌握语言这种文化工具，就越能成为白人。我记得一年多以前，我做过一次演讲，比较黑人诗歌和欧洲诗歌，讲完以后，一个法国本土的同学热切地对我说："其实你就是个白人。"我通过白人的语言来研究这样一个有意思的课题，这使我的地位提升了很多。

从历史的角度来理解，黑人想说法语的理由是法语可能是开启某些大门的钥匙，而在五十年前，这些大门都是完全关闭的。我们这里描述的安的列斯人确实在追求语言上的微妙之处，少见的东西，也向自己证明这种文化归属感。[23]有人说，安的列斯演说家的口才足以让欧洲人窒息。我记得有这样一件事很有代表性：1945年，正是选举时期，塞泽尔参加国会议

---

[23] 这里可以观察一下某位参议员在选举过程中出现了多少八卦。那份垃圾报纸，名为"撒开的鸭子"，不停地给这位 B 先生嘴里塞进各种各样的克里奥尔土话。这就是对付安的列斯人的最有效武器，意思是"你不会说法语"。

员竞选,去法兰西堡的男子学校演讲,听众人数很多。就在演讲过程中,一个女人晕倒了。第二天,一个同学讲述这件事,是这么评论的:"他法语那个厉害,那女人都听爽了。"语言的威力!

还有一些例子也值得注意。比如,查尔斯-安德雷·于连[24](Charles-André Julien)先生介绍塞泽尔说:"这是一位成为大学教授的黑人诗人。"或者简短地说"伟大的黑人诗人"。

这些很自然的话语中好像充满了一种诚意,毕竟塞泽尔就是黑人,也是诗人,但是这句话背后还有一种解不开的结。我不了解让·伯朗(Jean Paulhan)[25],只知道他写的书很好;我也不知道罗杰·凯卢瓦(Roger Caillois)[26]的年龄,只记住他如何显示自己的存在,时不时地涂抹自己的天空。我们这里不是情感过敏的表现;我们只是想说,安德雷·布勒东(André Breton)[27]先生不应该这么说塞泽尔:"这个黑人对法语的运用水平,超过今天任何一个白人的水平。"[28]

---

[24] 查尔斯-安德雷·于连(1891—1991),法国历史学家。年少时在法属阿尔及利亚生活,20世纪30年代加入法国共产党,与塞泽尔交往密切,战后积极投入反殖民斗争。——译者注
[25] 让·伯朗(1884—1968),法国作家,文学评论家,出版人。与布勒东等诗人较为接近。
[26] 罗杰·凯卢瓦(1913—1978),法国社会学家,作家。塞泽尔曾批判凯卢瓦的唯西方论。
[27] 安德雷·布勒东(1896—1966),法国诗人、作家,超现实主义代表人物,曾加入法国共产党。1941年旅行至马提尼克,与塞泽尔相识。——译者注
[28] 《回乡札记》开篇(Introduction au *Cahier d'un retour au pays natal*),p. 14。

即便布勒东先生说的是事实，我也不认为这里有什么矛盾的，有什么需要强调的，塞泽尔先生毕竟是马提尼克人，而且是大学教授。

米歇尔·莱里斯还说过："安的列斯作家希望脱离在官方教育中学到的文学形式，这个愿望在较为宽松的未来不会是一种民间色彩的哗众取宠。他们首先是想用文学的方式来表达自己特有的想法，他们之中也有几个希望成为某个人种的代言人，想探索未知的可能性，正因为他们接受的教育全部是法语的，他们厌恶使用那种口语带来的不自然，因为这种口语只能作为特意学来的东西使用。"[29]

可是，黑人们会回应我：布勒东这样的白人写出这种话是我们的荣幸啊。

继续吧。

---

[29] 莱里斯，《马提尼克－瓜德罗普－海地》。

第二章　有色人种女子和白人

人总是动态的，走向外界，走向他的同类。侵犯的动态，结果是奴役或征服；友爱的动态，付出自我，就是一般称为伦理趋向的终点。任何意识，似乎都可以同时或先后显示出这两种动态。被我爱的人可以有力地抑制我的雄性特质，而赢得别人的倾慕和爱的愿望也会给我的世界观建立一种有价值的上层建筑。

为了理解这类现象，分析者和现象学家的任务非常艰巨。萨特对失败的爱进行了描述，他的《存在与虚无》只分析了自欺和虚假；可是还有真正的爱，就是愿意给予别人自己想要的东西，自己想要的人类永恒价值，这就需要动员我们的精神系统，完全摆脱无意识冲突的精神系统。

与他人全力斗争留下的最后一点后遗症远远地消失了。现在我们相信爱的可能性，所以我们在尽量找寻其中的不完美之处，坏的倾向。

这一章的内容是关于有色人种女性与欧洲男性的关系，我们要证明，如果那种低人一等的心理，或那种过分的个人意识、过度补偿的心理没有消除的话（而这几种心理似乎就是黑人世界观的主题词），真正的爱情就不可能存在。

我们在《我是马提尼克女人》一书中可以读到这几句："我本来想结婚，但是，是跟一个白人。然而，一个有色人种女子在白人眼中不是完全值得尊敬的。即便他爱她。我很清楚。"[30]这足以让我们担心。这几句话在某种意义上可以说是把事情搞得神秘化了，我们可以仔细研究一下。一天，一个名叫玛约特·卡佩霞的女人，不知道受什么驱使，写下二百零二页的文字，写下她的一生，其中充满了荒唐的话语。这本书在一些圈子引起很大反响，这也是我们分析它的原因。我们认为关于这一点不存在分歧：《我是马提尼克女人》是一部低级的作品，推崇某种不健康的行为。[31]

玛约特爱上一个白人，无条件接受一切。他是她的上帝。她没有任何要求，任何奢望，或许最多是要一点白色。当她问自己他长得美还是丑的时候，她说："我只知道他是蓝眼睛，黄头发，脸色白皙，我爱他。"我们重读一下可以整理出这句话："我爱他，因为他的蓝眼睛，他的黄头发，他的白皙。"而作为安的列斯人，我们很清楚，黑人最怕蓝眼睛，大

---

[30] 玛约特·卡佩霞（Mayotte Capécia），《我是马提尼克女人》（*Je suis Martiniquaise*），1948，p. 202。

[31] 《我是马提尼克女人》讲述了一个肤色较浅的混血女人的情爱经历。1948年出版后引起较大的反响。法农及当时的读者都认为此书是一位名为玛约特·卡佩霞的马提尼克女子的自传体小说，但是根据后来文学史研究者的调查，此书的主要部分来自一个白人男子的写作，因商业目的编纂后选用了玛约特·卡佩霞这个笔名，并制造了一位"伪"作者：一个名叫 Lucette Céranus Combette 的混血女子。——译者注

家都这么说。

我们在开篇中提到,自卑感在历史上一直是属于经济方面的,这一点的确如此。

> 有些晚上,唉!他得出门,去参加社交活动。他去法兰西堡最上流的迪迪埃街区,那里是"马提尼克贝克人"居住的街区。"贝克人"不一定都是纯种的白人,但是都很富有(一般来说有几百万家产以上的人就是白人),那儿还住着"法国贝克人",他们大多是政府文职官员或军官。
>
> 安德雷的同事,都是因为打仗被困在安的列斯群岛的,有些人把家属接来了。我知道安德雷不可能总是躲避他们。我也理解他们的聚会不接受我,因为我不是白人,但是我禁不住很嫉妒。尽管他总是说,他的个人感情生活是自己的,而社交生活和军队的工作是不由自己控制的,但因为我一直要求,他只好带我一起去迪迪埃街区参加了一次聚会。我们去的是一个漂亮的小别墅,我从小就羡慕不已的那种,同席的还有两个军官和他们的夫人。两个女人看我的那种宽容的眼光,让我难以忍受。我感觉自己脸上扑粉太多,我的穿着不适合,我给安德雷丢脸了,大概还是因为我的肤色问题。总之这个晚上我感觉糟透了,后来我再也不跟安德雷说想陪他出去了。[32]

---

[32]《我是马提尼克女人》, p. 150。

这个美女的欲望就是迪迪埃街区，马提尼克最富有的大街。她说得很清楚：家产超过几百万的人就都是白人了。这个街区的别墅一直让她着迷。还有，我们可能会感觉卡佩霞前后矛盾，她说她很晚才到法兰西堡，十八岁左右；但是她也说她从小就对迪迪埃街区着迷。这一点，只要了解一下当时的情况就会理解。马提尼克的居民常常有一种梦想，就是通过魔法变白。到迪迪埃街区去住，进入那个高尚（地理位置也是高高在上的）的社区，就好像黑格尔所说的主观意识实现了。在此处描述的行为之中，我们也可以看到存在和拥有之间的辩证关系。〔33〕但玛约特还达不到这个水平。人家"不理她"。事情都不顺利。因为她是有色人种，这些圈子都不接受她。而正是从她的虚假开始，怨恨就生根了。我们可以明白，为什么各国的"卡佩霞"都得不到爱情。因为恋爱对象不是用来满足我年少时的梦想的，而是帮我超越它的。我们观察到卡佩霞的儿童期就有一些迹象，决定了她后来的选择取向。她生活中的动态都是跟这个目标直接相关的。在她看来，白人和黑人代表了世界的两极，永远斗争的两极，就是说一切都二元化，非黑即白："是白还是黑，这就是问题。"

我是白人，我就拥有了美和善，因为美和善从来不是黑色的。我是白昼的颜色……

---

〔33〕 G. 马塞尔（Gabriel Marcel），《存在与拥有》（*Etre et Avoir*），1935。

我是黑人，我与世界完全融解，我对土地有着善意的理解，在宇宙的中心我丢失了自我，而白人，即使他再聪明，也无法理解阿姆斯特朗或者刚果的歌曲。如果我是黑人，那不是因为我被诅咒了，而是因为我的皮肤里聚集了宇宙的所有光线。我就是地下的一滴太阳……

人们就跟他的黑色或他的白色进行一场较量，沉浸在自恋情绪中，各自被封闭在自己的特殊之中。当然有的时候也会有几缕光明闪现，但一出现就受到威胁。

首先，玛约特就遇到这个问题。她五岁的时候，书中的第三页说："她从课桌上拿起墨水瓶，把墨水倒在他头上。"这是她把白人变成黑人的方式。但是很快她就发现这个办法没有用。后来就有露露丝和她母亲对她说过，有色人种女子活着不容易。她明白没办法把别人变黑，把世界变黑，她就开始从身体上和精神上使自己变白。首先，她去做漂白工："我收费比较高，比别人高，但是我做得比别人好，而且法兰西堡人喜欢干净衣物，就把衣物送到我这里。"[34] 就是说，他们对玛约特的漂白手艺很满意。

很遗憾卡佩霞没有讲述自己做的梦，不然的话我们可以探究她的无意识方面。她并没有认识到自己绝对是黑人，而是把事情归结到偶然因素。她了解到，她的外祖母是白人："我对此很自豪。当然有白人血统的不止我一个，但是白人外祖母，比

---

[34]《我是马提尼克女人》，p. 131。

第二章　有色人种女子和白人　47

白人外祖父要少见得多[35]。就是说我母亲是混血儿了？我早就应该想到这一点，她的肤色比较白。我现在觉得她更漂亮了，更苗条和优雅了。如果她嫁的是白人，那么我就可能完全是白人了？……我的生活是不是就会好过得多？……我总是在想象这位从没见过的外祖母，她就因为爱上一个马提尼克黑人而死了……一个加拿大姑娘怎么会爱上一个马提尼克男人？我作为虔诚的教徒，我决定我只能爱一个白人，一个蓝眼睛、黄头发的男人，一个法国人。"[36]

我们明白了，玛约特想要的是变白。因为说到底，应该把人种变白；这一点，所有的马提尼克女人都知道，都在说，也说给别人。使人种变白，拯救人种，但不是我们设想的那种：

---

[35] 白人作为主人，尤其是男人，可以有很多女人。这样的事情在很多国家都存在，但在殖民地更常见。但如果是一个白人女性接受一个黑人男性，这就有一种浪漫色彩。这里就是付出的问题，而不是强奸的问题。殖民地尽管没有白人与黑人的婚姻，但混血儿的数量相当可观。因为白人总是要睡黑人女仆。但这并不能证明马诺尼以下这段话站得住脚："我们总是有一部分倾向是向着最奇怪的事物的。这不仅仅是文学幻觉。这不是文学，而且加利埃尼（Gallieni）总督的那些士兵找当地的拉玛托姑娘做伴侣的事情也不是幻觉。其实他们最初的接触完全没有困难。这是因为马达加斯加人的性生活是非常单纯的。但这也说明人种冲突是逐渐构造的，而不是自然现象。"（《殖民地心理》，第110页）这段话实在太夸张了。征服者军队的士兵跟一个马达加斯加姑娘睡觉，他这一方不可能有任何对他者的尊重。人种冲突不是后来出现的，而是一直存在。阿尔及利亚的殖民者睡他们十四岁的小女仆，不能证明人种冲突不存在。问题要严重得多。卡佩霞说得对：作为一个白人女人的孩子很自豪，这说明她不是"树叶下"的孩子［这个词就是指马提尼克"贝克"人留下的种。我们知道这样的孩子很多，比如说，传说奥贝利（Aubery）一个人就有五十个这样的孩子］。

[36]《我是马提尼克女人》，p. 59。

不是保持"她们生长世界的独特性",而是保证这个世界的白色。每当我们分析某些行为的时候,我们都难以避免出现恶心的感觉。安的列斯群岛有关女性择偶的格言警句和规则多得不计其数。总的说就是,一定不能深陷到黑色之中,任何一个安的列斯女人都会尽可能去找一个不太黑的男人做对象。有的时候,甚至编出这类的理由来解释自己的不佳选择:"某某确实很黑,但是贫穷比他更黑。"我们也认识不少同乡,在法国上学的女生,以一种白色的天真,跟我们说,她们是不会嫁给一个黑人的(好不容易逃出了,当然不能再自愿回去)。她们还说,不是说我们觉得黑人不好,但是你们也知道,还是白一点好。最近我们和一个女生聊过。她上气不接下气地冲着我说:"就说塞泽尔吧,他为什么这么看重他的黑色,还不是因为他知道自己被诅咒了?白人看重自己的白色吗?其实我们每个人都有白色的潜力,有些人不在意,有些人颠倒过来。对于我来说,我是绝不会嫁给黑人的。"她这种态度并不少见,我们承认我们很担忧,因为这个女生过两年就会毕业,去安的列斯群岛的某个中学教书。我们完全可以预料她的下一步。

如果哪位安的列斯人要客观地梳理他的各种成见,那么还有一个大规模的工作在等着他。当我在医学院毕业前夕,刚开始本书的写作时,我的打算是写成一部博士论文。后来我按照辩证法进行了两方面的分析。尽管我对黑人的精神异化进行了一定的研究,但我不能不关注某些环节,表面看上去是心理方面的,但产生的效果是属于其他学科的。

任何一种经验，尤其是被证明无结果的经验，应该进入到现实的构成之中，并且，在这种现实的重新组织过程中占据一席之地。也就是说，欧洲人的家庭，父权制的、与我们了解的社会紧密联系的家庭，因为它的缺点、它的失败、它的恶习，产生出十分之三的神经病患者。真应该利用精神分析学数据，社会学、政治学数据，来建立一种新的家庭环境，从而降低甚至消除此类浪费（非社会意义的浪费）的比重。

换句话说，我们需要知道"基础性格"[37]这个东西是一个基数还是一个变量。

所有这些头发蓬乱的女人，想着白人，在等待。肯定有一天她们会惊奇地发现自己不愿意回转身，她们会想象"一个美好的夜晚，一个美好的情人，一个白人"。她们也许也会发现，"白人不会娶一个黑女人"。但这个风险，她们愿意冒，她们义无反顾地想要的，就是白色。为什么？原因很简单。请看下面这个故事。

> 有一天，圣彼得看到天堂门口来了三个人：一个白人，一个混血儿，一个黑人。
> ——你想要什么？他问白人。
> ——金钱。
> ——你呢？他问混血儿。

---

[37] 原文用了英文词"basic personality"。——译者注

——光荣。

然后他转向黑人,黑人对他微笑[38]:

——我是给这两位先生背行李的。

最近,艾田伯(René Etiemble)谈到记忆中的一次惊愕:"我当时还是少年,有一次跟一个熟悉的女孩用到了一个词,当时看来是最合适的词,'你是一个黑人',她听了以后怒火冲天地站起来,说:'什么?我是黑人?你没看到我几乎是白的吗?我最讨厌黑人。黑人很臭。他们又脏又懒。你别跟我提黑人这话题。'"[39]

我们还认识一个女生,她在一个小本上记下了巴黎所有不会碰到黑人的舞厅。

---

[38] 黑人的微笑已经引起很多作家的兴趣。贝尔纳·沃尔夫(Bernard Wolfe)写道:"我们喜欢描写黑人展露他的满口牙齿对我们微笑。他的微笑,我们所看到的,就是我们所创作的,总是显示出一种天赋……"无尽的天赋,在海报上,电影里,食品广告上……,黑人告诉太太"维尼牌新款的黑丝袜是克里奥尔式深色",黑人告诉她格里沃格牌科隆香水的瓶子不好看;擦皮鞋,雪白的桌布,卧铺车厢,舒适的床位,快速搬运行李;爵士乐,搞笑剧,兔子兄弟童话;总是带着微笑的服务……一个人类学家(a)写道:"黑人在恐惧和暴力的威胁之下,被保持在这种服帖的态度之中,这一点白人和黑人都很清楚。但是,白人要求黑人面露微笑,必须在任何与白人相关的场合表现出殷勤和友好……"摘自《雷木斯大叔和他的兔子》(«L'oncle Rémus et son lapin»),《现代》杂志(*Les Temps Modernes*),no. 43,1949,p. 888。

(a) Geoffrey Gorer, *The American Spirit: A study in national character*.

[39] 见艾田伯文章《评库尔诺所著〈马提尼克岛〉》(«Sur le *Martinique* de Michel Cournot»),《现代》(*Les Temps Modernes*)杂志,no. 52,février 1950。

我们想知道黑人是否可能超越他的自卑感，是否可能排除那种近似于恐惧症表现的冲动。黑人身上有一种情感上的夸大倾向，感觉自身渺小而感到愤怒，无法产生任何人类的共鸣，因而被困在某种孤岛的痛苦之中。安娜·弗洛伊德这样描述自我缩减现象："自我缩减就是保护自我不受外来刺激；这种缩减，作为避免不愉快的方法，不属于神经症患者的心理表现，它只是在自我发展过程中的一个正常阶段。对于一个年轻的可塑的自我，在某一个领域遇到的挫折往往可以被其他领域取得的成功抵消。但是如果自我变得僵化，或者难以承受任何不愉快，而一味冲动地寻求逃避，自我的形成就会受到负面的影响，自我因为抛弃了太多原有的可能性，变成单一的，也会丧失太多本身的关注点，而自身的行为也会丧失价值。"[40]

我们现在可以理解，为什么黑人不能满足于他的孤岛状态。对他来说，走出孤岛只有一个途径，那就是走向白人世界。因此，他总是想吸引白人的注意，总是想与白人一样有威力，执着地想得到外在的品质，也就是存在和拥有之中构成自我的那部分。正如前文提到，黑人要试图从内部进入白色圣殿。他的态度表现的是他的意图。

对于黑人来说，自我缩减不可能成为奏效的防御机制。他需要白人的某种认可。

---

[40] 安娜·弗洛伊德（A. Freud），《自我与防御机制》（*Le moi et les mécanismes de défense*, traduit par Anne Berman），1949，pp. 91—92。

玛约特·卡佩霞在陷入某种神秘幻境的时候，唱起美妙的圣歌，她成了天使，周身"粉白色的"，她飞起来了。有一个影片，片名是《绿色的草地》(Verts Pâturages)，片中的天使和上帝都是黑人。我们的作者可无法接受："怎么能想象上帝是黑人的形象呢？我可不是这样设想天堂的。话说回来，这部片子不过是一个美国片子。"[41]

是啊，仁慈的上帝不可能是黑人，他必定是一个面色红润的白人。从黑到白，这就是变异的趋势。白色，就是富有，就是美貌，就是智慧。

然而，安德雷终究离开了玛约特，去给其他的"玛约特"传递白色福音了：蓝眼睛的遗传基因在长长的染色体通道里不断前行。不过，他是个好白人，他留下一些嘱咐。他说："你要把孩子抚养长大，你告诉他我是谁，你跟他说：你父亲是一个高等人。你也得努力配得上这个孩子。"[42]

尊严呢？尊严就在那里，已经深入到血脉里，在孩子的粉红色的小指甲里，深深的，白白的。

父亲呢？艾田伯写道："这是个漂亮的家伙；他谈论家庭，谈论工作，谈论祖国，谈论伟大的贝当和仁慈的上帝，这样就可以按照规则去撒种。那个潇洒的白人、英俊的军官、漂亮的混蛋说，上帝利用了我们。所以，我就按照贝当和上帝的规则

---

[41]《我是马提尼克女人》，p. 65。
[42]《我是马提尼克女人》，p. 185。

去收拾你。"

玛约特的白人上帝"像死了一样",被死人抬着,《我是马提尼克女人》里所有的事物都是死的[43],但我们先要向非洲请求给我们派一个使者。

读过《我是马提尼克女人》之后不久,阿卜杜勒·萨吉(Abdoulaye Sadji)的小说《妮妮》(Nini)[44],让我看到黑人面对欧洲人的另一种表现。我们刚才说过,有些人是"恐黑者",但是他们对黑人的恨并不给他们力量,他们没有那个勇气,或者也可能以前有过。憎恨并不容易,需要争夺,抢先,要跟自己或多或少的负罪感作战。仇恨要存在的话,憎恨者必须不断地以行动来表现憎恨,有适当的行动,也就是说,他得有个恨的样子。所以美国人现在用歧视来代替责骂。各就其位。这样我们也就不会惊讶于黑非洲(法属?)的城市中有欧洲街区。

---

[43] 在《我是马提尼克女人》之后,玛约特·卡佩霞又写了一本书:《白色的黑女人》。她大概是意识到了自己的错误,因为第二本书似乎有抬高黑人的意思。不过卡佩霞没有想到自己的无意识。她书中的人物一旦开始自由发挥,就往往在贬低黑人。她描写的黑人除了要奸卖滑的,就是傻大黑粗的。
还有,我们可以预测,玛约特·卡佩霞已经完全离开了自己的家乡。两本书中的女主人公都是一心要离开的。那个黑人的地区是彻底被诅咒的地方。而卡佩霞的周围似乎真的是被诅咒了。但她自动离开了。她禁止自己回去。
但愿她不要再为自己的愚蠢烦恼。平安地走吧,污泥四溅的小说家……别忘了,即便是读了您那无滋无味的五百页,我们还是能找到通往心灵的诚实的路。
无论您说了什么。
[44] 萨吉是塞内加尔作家。《妮妮》参见《今日非洲人》(Présence Africaine),1947,1;1948,2、3。

穆尼埃（Emmanuel Mounier）[45]的书《黑非洲的觉醒》已经引起我们的注意，但我们在急切地等待一个非洲的声音。通过阿里翁·迪奥普（Alioune Diop）[46]的刊物，我们可以了解有色人种的各种不同的心理驱动。

看到这一段让人特别吃惊："康彼昂先生是圣路易城唯一一个常去圣路易俱乐部[47]的白人，他的社会地位比较高，是路桥工程师，塞内加尔公共工程处的副处长。人们以为他是个爱黑者，比菲德尔布中学的罗丹老师更爱黑人，尽管罗丹老师已经在圣路易俱乐部发表过一次关于种族平等的演讲。人们常常为了争论这两个人哪个更好吵得面红耳赤。无论如何，康彼昂先生经常去俱乐部，认识了不少层次不错但与他不同的土著人，他们都很喜欢他，并且因为他的到场感到荣幸。"[48]

《妮妮》的作者是黑非洲的小学教师，对罗丹先生的演讲赞叹不已。我们认为这是一种无法接受的情况。我们也理解为什么穆尼埃遇到的年轻土著人对他说："我们需要的是像您这样的欧洲人。"我们感觉到黑人在遇到一个善解人意的欧洲人时会多么充满希望。

我们也可以分析一下萨吉小说中有色人种女子面对欧洲人的反应。首先有黑人女人和混血女人之别。前者只有一个愿

---

[45] 穆尼埃（1905—1950），法国哲学家。——译者注
[46] 阿里翁·迪奥普（1910—1980），塞内加尔学者，《今日非洲人》（*Présence Africaine*）杂志的创建者。——译者注
[47] 年轻的土著人俱乐部。对面有一个只接受欧洲人的俱乐部。
[48] 《妮妮》，《今日非洲人》，n°2，1947，p. 280。

望，就是变白。后者不仅要变白，还要避免退步。难道一个混血女人不能嫁一个黑人吗？我们需要一次到位地理解她们，她们想拯救人种。

妮妮因此陷入迷茫：有个黑人不是大胆向她求婚了吗？有个黑人不是还给她写信说："我对你的爱纯洁而坚定，没有任何虚假的柔情，没有任何欺骗和幻影……我会让你幸福，在一个与你的美貌完全相配的环境中享受幸福……如果你能接受我的爱，让我爱护你的身体和你的灵魂，这将是我最大的荣幸和无边的幸福。你的魅力会照亮我的家，给每个阴暗的角落带来光明。而且，你是进化了的女人，如此聪明灵秀，你一定不会粗暴地拒绝我这一番纯洁无瑕的情谊。"[49]

最后这一句也不奇怪。正常情况下，混血女人应该毫不留情地拒绝没有自知之明的黑人。但由于她进化了，她就会不在意情人的肤色而只注意他的忠诚。萨吉这样描述马可塔尔这个人物："理想主义者，对进化深信不疑，他还相信人的真诚和忠诚，他还设想，只要有才华就应该成功。"

马可塔尔是谁？他高中毕业，水运公司的会计，他追求一个小打字员，傻傻的女人，但是她拥有一样很有价值的东西：她的肤色几乎是白的。所以我们可以原谅他写下这样一封信："最大的胆量，也许是一个黑人敢于鼓起勇气的第一次。"

向白色的灵魂献上一份黑色的爱，这是需要道歉的。同样

---

[49]《妮妮》，p. 286。下文的引述皆出自这一小说。

的情感在勒内·马朗（René Maran）[50]身上也能找到：黑人在与白人女孩，或是比自己白一些的女孩相处时的那种恐惧，那种羞涩，那种谦卑。正如卡佩霞对安德雷老爷百依百顺，马可塔尔甘当混血姑娘妮妮的奴隶，甚至可以出卖自己的灵魂，但结果却是被拒绝了。混血姑娘认为这封信恬不知耻，是对她作为"白人姑娘"的侮辱。这个黑人是个蠢货，强盗，需要教训的傻瓜。她就要教训教训他，让他学会有分寸，别那么大胆，她要让他明白"白皮肤"可不是给黑"土鳖"的。

这里，所有的混血人都跟她一样愤怒。人们说要控告他，让黑人上法庭。"我们应该给公共工程处处长写信，给殖民地总督写信，让他们知道这个黑人的行为，把他解雇，并且补偿精神损失。"

此类不守规矩的行为应该受到阉割处理。大家应该要求警方监管马可塔尔。"如果他再有此类的不齿行为，就要让德吕先生管教他，德吕先生是警官，被同行称为'特别凶狠的白人'。"

这就是一个有色人种女人面对一个同类向自己求爱时所做的反应。现在来看看她们面对白人时又是怎样的。我们继续读萨吉的小说。他对一个白人与一个混血女人的婚姻进行了大段的描述。

---

[50] 勒内·马朗（1887—1960），出生于马提尼克的法国作家，1921年获龚古尔文学奖。

第二章 有色人种女子和白人

最近一段时间,整个圣路易城都在传一件事……开始只是交头接耳的小声嘀咕,让很多老"仙姑"满是褶皱的脸庞都舒展了不少,她们暗淡的眼睛也起了光亮;然后是年轻人,都睁大了眼睛,张大了厚厚的嘴巴,争相传递着这个消息:啊?不可能啊!你怎么知道的?怎么会呢……真是美好啊……太少见啦……一个月来圣路易城里流传的消息是个好消息,比世界上任何诺言都好的消息。它唤起某些伟大的梦想,崇高的梦想,使得所有混血姑娘,那些妮妮、娜娜、因因都脱离了她们国家的自然环境。她们的梦想就是被一个欧洲白人娶回家。我们可以说她们一直在朝这个目标努力,但是几乎都达不到这个目标。她们的姿态,她们对装束的追求,她们精心算计的、戏剧式的、令人作呕的表情态度,都出自这个伟大的梦想,要找一个白人,纯白的男人,仅此而已。几乎所有这些女人,整个一生,都在期待这样一个不可能的命运。就这样时光流逝,她们变老,只能暗淡地躲避起来,把梦想悄悄地变成一种傲慢的屈服……

一个好消息……达利伟先生,纯种的欧洲白人,民事处副处长,向混血姑娘迪迪雅求婚了。令人难以置信的消息。

白人向混血姑娘表白心迹的这一天,准是发生了什么超乎寻常的事情。突然被认可,即将进入一个看上去封闭的群体,贬值心理、自卑感及其随附的心态，永远走不出混沌境界的感觉，都会全部消失。一夜之间，混血女人从奴隶变为主人……

她的表现是一种过度补偿的行为，这很明显。她不再是那个想成为白人的女人，她就是白人。她进入了白人的世界。

保罗·莫朗（Paul Morand）[51]在《黑色魔法》中描述了同样的现象，但后来我们不信任莫朗了。从心理学角度，我们可以这样提出问题。受过教育的混血女子，尤其是女大学生，她的行为最为含糊。她会说："我不喜欢黑人，因为黑人野蛮。不是说吃人的那种野蛮，只是那种缺乏细腻的野蛮。"这个观点很抽象。如果你告诉她有些黑人比她细腻得多，她就会说黑人丑陋。这又是一种做作的观点。如果你给她指出黑人的美，她就说她不懂；有人会给她演示绝招：扇动鼻翼，屏住呼吸。"她选丈夫是她的自由"，最后一个理由就是她的主观性。如果按照安娜·弗洛伊德所说的，给自我去掉各种防御机制，"把无意识行为变成有意识的，人的防御机制就会显示出来，并因而失效，自我就会被减弱，甚至进入死亡进程"[52]。

不过，这里的自我不是要保护自己，因为它的要求已经实现：迪迪雅嫁给了一个白人。但是任何好事都有它的反面：几个家庭都因此被颠覆。婚礼上，有几个混血姑娘被安排了混血男孩当舞伴，而其他同伴都有白人舞伴。"这场面让她们的

---

[51] 保罗·莫朗（1888—1976），法国作家。短篇小说集《黑色魔法》出版于1928年。——译者注
[52] 《自我与防御机制》，p. 58。

家庭都蒙了羞；这种耻辱是需要补救的。"[53]这些家庭的正当要求被蔑视了，这对她们的一生和她们的存在带来的影响是巨大的……

她们想要的就是，改变，"进化"，这是一个深层的欲望。可人们否决了她们的这个权利。或者说，人们质疑她们。

说什么好呢，看了这些描述？

无论是马提尼克女人卡佩霞，还是圣路易城的女人妮妮，都是同样的故事。两方面的进程，试图通过内部吸收的方式来占有不被允许的价值。正是因为黑人女子觉得自己低人一等才渴望被白人世界接纳。在她的行动中，有一个典型的举动就是我们称为情感过度兴奋的现象。

这是我们七年来实验和观察工作的最后一步。无论是我们研究到的哪个领域，我们都注意到这一点：被自卑感支配的黑人，被高贵感支配的白人，两者都沿着一条神经症的方向发展。我们也从精神分析的角度来思考他们的异化。黑人的表现类似于一种强迫症，也可以称作情景式神经症。有色人种试图逃离他的个体性，虚化这个存在。每当有色人种抗议，都有异化现象。每当有色人种厌恶，都有异化现象。我们在第六章还将说明，感到自卑的黑人先是觉得有一种屈辱的不安全感，然后是自我控诉，直到绝望。黑人面对白人的态度之中，或者面对同种人的态度之中，常常会出现一种妄想的连锁反应，属于病态的领域。

---

[53]《妮妮》，p. 498。

有人会说，我们这里提到的黑人并不涉及任何精神疾病的因素。我们在此需要强调两个非常特殊的方面。几年前，我们碰到一个黑人，医学院的学生。他总是有一种"地狱般"的感觉，觉得自己的才能不被别人赏识，他说，那不是学习方面的。他"地狱般"地感觉到，他不可能被白人当成同事，也不可能被欧洲病人看成医生。每次有这种妄想[54]的时候，也就是拉康所说的精神错乱容易出现的时候，他就喝酒。后来有一天，他作为助理医生参军，他说，我绝不能到殖民地去，也绝不要被分配到殖民地军队中去。他就想指挥白人。他当头头，因此他应该被敬畏，被尊重。他想找的就是这种感觉：让白人面对他的时候采取一种黑人的态度。这样他就可以补偿困扰他的那种印象：在白人面前受惊吓的，颤抖着的，被侮辱的黑人形象。

我们还认识的一个同乡，在法国某个港口担任海关督察，对来往的旅客或过路客特别严厉。他对我们说，"如果你不凶，他们就把你当成狗。因为我是黑人，你说我能让他们那么……"

阿尔弗雷德·阿德勒（Alfred Adler）[55]在《认识人类》一书中写道："要想把人的世界观分类，就要进行调查，把从儿童期的印象一直到目前的情况拉起一条线。在很多情况下，

---

[54] 参见塔尔格拉（René Targowla）与杜布利诺（Jean Dublineau）合著，《妄想直觉》（*L'intuition délirante*），1931。
[55] 阿尔弗雷德·阿德勒（1870—1937），奥地利心理学家，医生，弗洛伊德的学生，1911年以后自成一派，尤其在自卑感心态方面颇有建树。——译者注

我们可以就此画出一条个体走过的路。一个人的人生基本可以画成一条曲线，一条有导向的线……因为一个人的导向线哪怕有时会出现一些变化，也总是起作用的，其中的主要内容、动力和走向都是一定的，从童年起就已经植入不变了，这与儿童期的周围环境有一定关系，这条导向线后来会脱离人类社会内在的大范围的生活环境。"[56]

我们预测，而且已经可以看出，阿德勒的性格心理学能够帮助我们理解有色人种的世界观。由于黑人是过去的奴隶，我们也要参考黑格尔；最后，我们还将参考弗洛伊德的理论。

妮妮和卡佩霞，这两种表现值得我们思考。

还会不会有其他可能性？

可这些都是伪课题，我们不打算研究。我们还要说，批评现状是需要提出解决方案的，我们应该向我们的同类提出一个解决办法，那就是走向自由。

我们要肯定的，就是必须干脆彻底地排除缺陷。

---

[56]《认识人类》(*Connaissance de l'Homme*)，1949，pp. 57—58。

第三章　有色人种男子与白人女子

从我灵魂最黑的地方，冒出这种一下子成为白人的欲望。

我不想让人把我当成黑人，要当成白人。

可是，黑格尔没有描述这一点，谁能做到呢，只有白人女子吧？她爱我就能证明我配得上一份白色的爱。把我当成白人来爱。

我是白人。

她的爱给我打开一个光明的通道，带来各种希望……

我娶到了白人的文化，白人的美貌，白人的白色。

我的手抚摸她白色的乳房，我就得到了白色的文明和白色的尊严。

三十多年前，一个俊美的黑人，与一个金黄头发的女人性交，高潮来临时会大喊："舍尔歇万岁！"当我们了解到维克多·舍尔歇（Victor Schœlcher）是法兰西第二共和国废除奴隶制的功臣时，我们就会明白一个黑人男子与一个白人女子的关系究竟有什么样的意义了。

有人会说这只是一个故事罢了,但这个故事之所以流传这么久,就很说明问题。这个故事表现出一种冲突,或显形,或隐形,但确实存在的冲突。它的流传证明黑人都相信它。也就是说,这样的故事在民间流传,这意味着某种"地区思维"的特性。

我们已经分析过《我是马提尼克女人》和《妮妮》,看到黑人女子对待白人的表现。通过勒内·马朗的一部自传体小说,我们可以试着了解一下黑人男性的情况。

小说《与别人一样的人》中的问题提得很好,让·维纳兹可以帮我们深入研究黑人的态度。为什么?让·维纳兹是个黑人。他来自安的列斯群岛,住在波尔多很多年了,所以是个欧洲人。然而他是黑人,纯黑的。悲剧就由此产生。他不理解他的人种,白人也不理解他。他说:"一般的欧洲人,尤其是法国人,都不愿意忽视殖民地的黑人,可是他们不在乎跟他们一样的黑人。"[57]

作者的个性并不像想象的那么容易看出来。他是孤儿,外省中学的寄宿生,放假的时候也只能留在学校里。他的同学们随便找个借口就会在法国各地散开,而这个小黑鬼只能习惯于听别人讲见闻,这样他的好朋友就成了他的书。从一个极端来讲,看到作者写下那么一长串同伴的名字,我觉得他对这些同伴有一种反感,一种怨恨,一种压制的恶意。我说这是一个极

---

[57] 参见勒内·马朗的自传体小说《与别人一样的人》(*Un homme pareil aux autres*),1947,p. 11。

端，我们就要看看这个极端。

他无法融入，无法不被人注意，他去跟死人对话，或是跟不在的人谈话。他的话，与他的生活不一样，可以穿越几个世纪，跨越大洋。奥古斯都、茹安维尔、帕斯卡尔、加尔多斯、泰戈尔……如果我们非要给让·维纳兹找个形容词，可以说他内向，也可以说敏感，不过他是一个敏感又在知识和观点方面非常好胜的人。的确，他的同学和朋友都很看重他："他是个无可救药的追梦人，他简直，我们这个维纳兹！他要是不看书的话，就肯定是在做笔记。"这个敏感的人会唱西班牙语歌曲，然后一行一行地，把歌词翻译成英文。

他比较害羞，也有点忧郁："我一走远，就听见迪夫郎德跟他说，这个维纳兹小伙子不错，忧郁，不爱动，但是很热心。你们可以信任他。你们看着吧。真希望很多白人都能像他这个黑人一样。"[58]

是的，确实忧郁。与生俱来的。我们也知道勒内·马朗热爱纪德。我们以为《与别人一样的人》的结尾会跟纪德的《窄门》差不多。因为开始那种痛苦的语气，道德上的不可能，似乎都让人想到杰罗姆和阿莉西亚的故事。可是维纳兹是个黑人。他是个独来独往的大熊。他是思想者。有个女人想挑逗他，他说："您来找大熊吗？小心点，小姐。有胆量是个优点，但是您要是一直这么显摆就不行了！黑人。呸！不值钱。跟这

---

[58] 本页几段引文均来自马朗自传体小说。

个人种的人在一起肯定会遭殃的。"他无论如何都要向别人证明自己是一个人，跟别人一样。不过我们要明白，维纳兹是需要别人来说服的人。他的灵魂深处是跟欧洲人一样复杂的，充满了不确定性。请原谅我使用这个词：维纳兹是个应该打倒的人。我们下面要尝试一下。

他在引用了司汤达的"结晶"理论[59]之后，说他发现自己"精神上喜欢安德蕾，就好像古朗日夫人；肉体上喜欢安德蕾，是因为她像克拉莉莎。这太奇怪了。但就是这样，我喜欢克拉莉莎，我也喜欢古朗日夫人，尽管我不会想着任何一个。这只是我换换脑筋的一个借口。我在这两个人物中寻找安德蕾，记住了每个细节……我不知道，忘了。我不打算弄懂什么，或者说我只知道一件事，就是黑人跟其他人一样，与其他人相同，只有愚昧无知的人才觉得黑人简单，黑人的心灵跟欧洲人里最复杂的那个一样复杂"。

因为肤浅的观察者早就编出了黑人头脑简单的神话。"我爱克拉莉莎，我爱古朗日夫人，是因为我爱安德蕾·玛丽埃尔。就爱她一个，没有别人。"

安德蕾·玛丽埃尔是谁？就是诗人路易·玛丽埃尔的女儿！可惜，这个黑人，虽然"因为聪明勤奋进入了欧洲式的思

---

[59] 结晶理论（cristallisation）是法国作家司汤达在其随笔《论爱情》中提出的，意指恋爱初期的一种心理现象，被爱的一方在爱人眼中显得完美无瑕。古朗日夫人（Mme. de Coulanges）及克拉莉莎（Clarissa）都是司汤达文中提到的人物，前者为法国 17 至 18 世纪的一位贵妇人，书信作家，后者为英国 18 世纪小说家理查森同名小说中的人物。——译者注

考和文化之中",但还是脱离不了自己的人种。

安德蕾·玛丽埃尔是白人,一点办法都没有。可是,读书万卷好像在消解这一切。维纳兹天真地"相信了这种文化,并且开始热爱他发现的这个世界。自己犯了一个大错!他长大了几岁之后,想为养育自己的国家效力,到自己祖先生活的地方去,看看自己是不是不符合周围的一切,是不是白人也不认他,黑人也排斥他"。

维纳兹觉得自己离开爱情就无法生存,要梦想爱情。他梦想爱情,写下诗句:

爱的时候什么都不要说
最好是对自己也要隐藏。

安德蕾·玛丽埃尔给他写下情话,但是维纳兹还需要一份许可。需要一个白人说,娶我妹妹吧。他给好朋友顾朗日写信,提出一串问题。这就是顾朗日的回信:

老兄,

你跟我讲了你的事情,问我的意见,我就再跟你说一次,然后咱们到此为止。我们按照顺序来说。你给我讲的情况很清楚。不过请允许我把事情铺开。这是为你好。

你离开家乡到法国的时候多大?三四岁,我记得。你后来再也没有回到岛上去,也不打算回去。你一直在波尔多生活。你成为殖民地公务员以后,放假基本也就是回到波尔多。总之,你就是本地人。也许你还是不能体会。你要知道你就是一个波尔多的法国人。你得使劲记住这一点。你对安的列斯群岛的老乡们一无所知。我很难想象你能跟他们相处。我认识的几个安的列斯人跟你一点不像。

你其实就跟我们一样,你就是"我们"。你的思考就是我们的思考。你做事就跟我们做事一样。你说你是黑人?人家说你是黑人?错了!你只有黑人的外表。剩下的,你就是个欧洲人。所以你像一个欧洲人一样恋爱。欧洲人爱的是欧洲女人,你也只可能爱一个你所在国家的女人,一个法国女孩,你国家的女孩。说完这些,现在来看你上封信的问题。一边是维纳兹,一边是安德蕾小姐。安德蕾小姐是白人,她爱着维纳兹,维纳兹皮肤黝黑,爱着安德蕾。你居然还来找我说怎么办。你这个蠢货!……

你一回到法国,就赶快去恋人的父亲那里报到,对他拍心窝使劲喊:"我爱她。她爱我。我们相爱。她应该成为我的妻子。不然我就死在您面前。"[60]

经过一番询问后,白人同意维纳兹娶自己的妹妹,但是有个说明:你跟真正的黑人没什么共同之处。你不是黑人,你就是"黝黑"。

---

[60] 此处引文来自马朗自传体小说。

这个说法也是法国的有色人种大学生都知道的。人家不把他们当成真黑人。真黑人是野人，但大学生都是进化了的。就好像顾朗日说的，你是"我们"，说你是黑人就搞错了，因为你只是看着像。可是维纳兹不愿意。他做不到，因为他知道，他知道"很多混血男子和黑人因为憎恨那种歧视，因为怒火，一到法国就只有一个想法：找个白种女人来解恨"。

> 他们当中的多数人，尤其是其中肤色比较浅的，常常会不认自己的国家和自己的母亲，他们结婚少有为了爱情的，主要是为了满足某种控制欧洲女人的愿望，并且带有一定的报复色彩。
>
> 我就问自己是不是也跟别人一样，跟作为欧洲人的你结婚，我会不会在证明自己厌恶自己人种的女人，对白人肉体的兴趣是不是来自一种复仇心态，因为自从白人主导世界以来，我们黑人都是不可能触碰白人女子的，我是不是要为白人祖先在我们祖先身上做的恶来复仇。

他在尽一切努力摆脱自己的主观需要：我是白人，我在欧洲出生，我的朋友全是白人。我居住的城市总共不到八个黑人。我是用法文思考的，我的信仰就是法国。听到了吗，我是欧洲人，我不是黑人，为了向你们证明这一点，我离开了，我以公务员的身份去真正的黑人那里展现我跟他们之间的区别。请仔细阅读这本《与别人一样的人》，您会明白这一点：

第三章 有色人种男子与白人女子

——谁在敲门？哦，对了。

——是你吗，苏亚？

——是的，长官。

——你有事吗？

——点名了。外面有五个卫兵。十七个犯人，一个也不少。

——除此之外还有别的吗？有信吗？

——没有，长官。

维纳兹有随从。还有一个年轻的黑人姑娘，住在小木屋里。他看到那些黑人不舍得他离开，就打算告诉他们："你们走吧，走吧！看看，我离开你们很难过。走吧！我不会忘记你们。我走是因为这里不是我的家，我在这里很孤独，空空荡荡，没有我熟悉的那些条件，那些东西你们还不需要，这对你们来说更好。"

读到这些句子，我们就会想到菲利克斯·埃布埃（Félix Eboué），一个不容置疑的黑人，在同样的情况下以另一种方式履行他的职责。而维纳兹不是黑人，不想当黑人。可是在他不知道的情况下，发生了一次断裂。某种无法定义的，无法复原的东西，就是哈罗德·罗森伯格（Harold Rosenberg）所说的那种"that within"[61]。

---

[61] 哈罗德·罗森伯格发表于《现代》(Les Temps Modernes) 杂志的文章《从游戏到我，行动地理草图》(«Du Jeu au Je, Esquisse d'une géographie de l'action»), 1948。

路易·阿希尔（Louis Achille）在1949年举行的多种族大会上发言时说：

> 在跨种族婚姻问题上，我们可以探讨，是不是在某种程度上，有色人种这一方会借此得到一种主观升华，消除自身的肤色偏见，而他自己长期以来正是深受其苦。我们应该通过具体观察来研究这一点，寻找某些跨种族婚姻的理由，尤其是那些不是在正常的幸福婚姻条件下缔结的婚约。有些男性或女性找配偶的时候，会选择一个社会文化层次比自己低的另一个人种的人，但如果是同一人种，他们是不会做出此类选择的，其意图似乎主要是体会异国色彩，甚至"改变种族"（这听起来很刺耳）。对于某些有色人种的人，与一个白种人结婚比一切都重要。这样他们就可以与白人达到完全平等，与掌控世界的白种人，与统治有色人种的白人平起平坐……[62]

在历史上，我们知道黑人跟白种女人睡觉是有罪的，会被阉割。占有白种女人的黑人也被同种族人避讳。要是把这种事情津津乐道，会被人不齿。但这恰恰是雷木斯大叔[63]的分类标

---

[62] 路易·阿希尔，《世界的节奏》（*Rythmes du Monde*），1949，p. 113。
[63] 雷木斯大叔是美国作家乔尔·J. 哈里斯创作的文学形象，1878年起作者开始发表系列作品"雷木斯大叔讲故事"，后迪士尼将其作品改编成电影《南方之歌》。——编者注。这是个温柔而忧郁的老黑奴，脸上永远带着微笑，成为美国黑人最典型的形象。

准：兔子大哥代表黑人，他能不能跟米豆丝太太的两个女儿睡觉呢？事情荡宕曲折，被一个单纯快乐的黑人笑着讲出来，一个微笑的黑人讲故事。

当我们还在青春期懵懂无知的时候，看到一个朋友从法国本土归来，挽着一个巴黎姑娘，就非常羡慕。我们下面有章节专门讨论。

近来跟几个安的列斯人聊天，我们了解到，新到法国的那些人最急切的事情就是找一个白人姑娘睡觉。他们在勒阿弗尔港一上岸，就赶紧去找妓院。这个练习完成以后，他们再坐火车去巴黎。

不过我们此处需要的是分析维纳兹。这里我们要参考 G. 盖克斯（G. Guex）的书《放弃型神经症》(*La Névrose d'abandon*)。

此书认为放弃型神经症是属于俄狄浦斯情结前期的，与弗洛伊德的正宗后期俄狄浦斯情结完全不一样。作者分析了两种情况，其中第一种在我们看来符合维纳兹的情况："由于放弃而产生焦虑，产生攻击性，以及自卑感，而正是这三种因素引发了神经症的各种症状。"[64]

我们认为维纳兹是内向性格。我们从性格学和现象学的角度可以了解，自闭思维来自原发内向症。[65]

---

[64] G. 盖克斯，《放弃型神经症》，p. 13.
[65] 参见敏考斯基（Minkowski），《精神分裂症》(*La Schizophrénie*)，1927。

在负面敌意情绪控制的个体身上,对过去的纠结,对过去的失意、失落、失败耿耿于怀,使他无法走向生活。他一般比主动去爱的人内向,他总是特别在意自己经历过的各种失望,因此在他身上有一块隐秘区域,集中了苦涩和无奈的各种情感与怨恨情绪,从而造成某种自闭。但是这又不同于真正的自闭症,因为他自己在有意识地维护这片隐秘区域,不让任何外物侵入。他比第二类神经症(主动去爱的人)更为自我中心,把任何事情都与自己联系起来。他不会奉献,他对外有敌意,一种复仇心态控制着他。他的自我封闭使他无法经历正面的情感,无法修补过去。因而,自卑感,缺乏安全感占据了他;也因此在面对生活和面对他人的时候他感觉无能为力,进而否认一切情感和责任。别人背叛了他,别人使他失意,可是他却只是等待别人来改变他的境遇。[66]

这段文字是对维纳兹表现的精彩分析。因为很符合维纳兹说的:"我只需要长大几岁,为养育我的国家服务,到自己祖先生活的地方去,看看自己是不是不符合周围的一切,是不是白人也不认我,黑人也排斥我。我目前的处境恰恰如此。"

他将一切归罪于过去,自卑,无法被别人理解。维纳兹说:

---

[66]《精神分裂症》, pp. 27—28。

那些热带孩子从小被父母安置在法国，想让他们成为真正的法国人，他们是如此的绝望！他们被猛然安置在一个寄宿学校里，原本那么自由自在的孩子，父母哭着说是"为了你好"。

我就是这样的孤儿，一生都深受其苦。七岁起，我就被放在这样一所在荒野中建造的悲催的大校园里……少年时的千百种游戏从来没有让我忘记自己痛苦的生活。我性格中的忧郁就是这样形成的，对社交生活的恐惧直到现在都限制着我的一切行为……

但他渴望被关怀，被呵护。他本不想被人抛弃。放假的时候，大家都回家了，他一个人，孤单地留在空阔的白人学校里……

哦，多少次的哭泣无人慰藉……他永远不会忘记自己那么小就要学着独自面对孤独……在这种被圈住，被关闭的生活中，我很早就学着冥思，学着思考。在这孤单的生活中，我常常因为任何一件小事苦恼：因为内在的敏感，我无法表达快乐，也无法释放痛苦，我拒绝所有喜欢的事物，尽量不去注意任何吸引我的东西。

这是什么情况？这里有两个过程：我不要人家爱我。为什么？因为很久以前，某一天，我曾经被排斥，被抛弃。我从来没有原谅我母亲。因为我被抛弃了,我要让那个人痛苦,我报复的需要就会表现在抛弃这个人。我去非洲;我不要人家爱我,我躲避客体。这就是盖克斯所称的"以考验来验证"。我不要被爱,我采取抵御姿态。如果客体还坚持,我会声明:我不要人家爱我。

自卑感?的确。"认为自己没资格被爱的自卑感带来严重的后果。一方面,这使得此人处在一种深切的不安全感中,由此无法与他人相处。个体正因为无法引起好感和爱而对自己产生怀疑。这种情感自卑只出现在那些从小缺乏关爱和理解的人身上。"[67]

维纳兹希望跟别人一样,但他知道这是不可能的。他在寻找。他寻找安宁,在白人的眼光中寻找许可。因为他是"他者"。"情感自卑者总是使个体处在一种难受的情景中,感觉自己被排斥,哪里都没有自己的位置,或者说,自己在哪里都是多余的人……""别人"是我经常听到的病人用语。作为"他者",此人总处在不安稳的位置、动荡之中,随时会被人赶走,而且,他会无意识地致使不希望的灾难发生。

> 我们无法完全了解此类放弃状态下的痛苦程度,这样的痛苦一方面是儿童期被抛弃的经历引发的,但另一方面也激活了过去的痛苦记忆……[68]

---

[67]《精神分裂症》,pp. 31—32。
[68]《精神分裂症》,pp. 35—36。

第三章　有色人种男子与白人女子

被抛弃的人总是要求证据。他不能满足于个别的声明。他不信任。他在开始一种客观的关系之前，要求对方不断地向他证明。他的态度就意味着，"宁可不爱，也不要被抛弃"。这个人总是要求很高。他需要各类补偿。他需要被整个地爱，绝对地爱，永远地爱。比如：

我亲爱的让，

我今天才收到你七月份写的信。你写得太过分了。为什么这么折磨我？你明白吗？你知道你在做什么吗？你的残酷登峰造极。你让我幸福却非常担心。因为你，我是世界上最幸福也是最不幸的女人。我需要说多少遍我爱你，我是属于你的！快来吧。

最后，被抛弃的人放弃了。人家叫他。人家需要他。他被人爱着。可是，这是幻觉！"她真的爱我吗？她是客观地看我吗？"

有一天，一个先生，奈德老爷的好朋友，来了，鹏达鹏德从来没见过他。他从波尔多来。可是，上帝啊，他太脏了！他太丑了，奈德老爷的这个好朋友！他有一张丑陋的黑脸，黑漆漆的，肯定是从来不洗脸吧。

维纳兹想找到自己的灰姑娘情结来自何处，他发现三四岁的孩子身上就积累了很多种族偏见。他对安德蕾说：

> 我亲爱的安德蕾，如果我求婚，你愿意不论我的肤色，做我的妻子吗？[69]

他非常怀疑。盖克斯这样分析："第一个特征好像是惧怕表现真实的自己。这种惧怕范围宽泛：怕使人失望，使人不高兴，使人厌烦，使人讨厌……因此怕错过与别人建立好感的机会，或者，如果已经有好感，惧怕损害这样的关系。被抛弃者不相信别人会爱他真实的自己，因为他经受过作为纯真的小孩子被人抛弃的残酷经历。"[70]

可是，维纳兹的生命中并非没有补偿。他结识了缪斯。他读书很多，他对苏阿莱斯的研究是非常有价值的。这一点盖克斯也分析过："被自身禁锢，封闭在自己对面，负面情绪和攻击性扩大了他无法补救损失的感觉，他更感到无法追回错过的机会……因此，在他的精神生活和职业生涯之外，他还是保留着一种深切的自卑感。"[71]

这一段分析说明什么？就是要告诉维纳兹，他的确与别人不一样。引用一句萨特的话，就是要让他对自己的生存感到羞耻。是的，就是要让他意识到自己为自己拒绝了机会，他因自

---

[69] 以上三段均摘自马朗自传体小说。
[70] 《放弃型神经症》，p. 39。
[71] 《放弃型神经症》，p. 44。

己的被动而没能努力抓住世界的心脏,他应该去做的是在需要的时候强迫自己去震动世界心脏的频率,如果需要就去转动舵位处的方向盘,尤其是,无论如何,要面对世界。

维纳兹被困在内心世界之中。当他看到安德蕾,面对这个自己期待了很久的女人,他又躲进沉默之中……那些"懂得话语和动作之虚假"的人总说沉默最有说服力。

维纳兹患有神经症,他的肤色只是为他精神结构进行解释的一个方面。如果没有肤色这个客观存在的问题,他也会自己造出另外一个不同的东西。

维纳兹就是这样的知识分子,他只把自己放在精神层面来看,无法跟同类建立具体的关系。人家对他好吗,和气吗,善意吗?可是他看出的是幕后的秘密。他"清楚怎么回事",于是时时提防着。"如果说我很谨慎,其实就是说我见好就收。我礼貌而天真地接受别人的好意。我接受人家的邀请,也会回请,我参加人家组织的棋牌游戏,但我不会轻易相信人家的好意,我提防着不要过分地随和,不要那么快就把我们过去遭受的恶意忘掉。"[72]

他接受人家的邀请,但也回请。他不想欠人情。因为如果他不回请,他就是个黑人,跟别的黑人一样没良心。

"人家"坏吗?就因为他是黑人,人家不可能不讨厌他。但是我们说了,维纳兹,也就是勒内·马朗,是个十足的黑人被

---

[72]《放弃型神经症》, p. 103。

抛弃者。我们来看他的问题。他是神经症患者，需要从他的儿童臆想中被解救出来。我们认为，维纳兹代表的不是黑人和白人关系的某种体验，而是一种神经症患者（碰巧是黑人）的表现。我们的研究目的就是，通过具体实例，让有色人种懂得使其同种人异化的那些心理方面的原因。本书接下来专门探讨现象学描述的章节将进一步进行阐述。我们的目标，是使黑人与白人的健康相遇成为可能。

维纳兹很丑。肤色是黑的。还需要什么？只要重读一下盖克斯的分析，就可以明白：《与别人一样的人》这本书是很虚伪的，试图把不同人种的关系扯到生理机制影响上来。我们需要澄清一点：无论是精神分析方面，还是哲学方面，生理机制都不是什么神话。如果我们要搞新发现，非要否认生理机制问题，那么肯定还有很多人要走进原有的框架中去，我们也毫无办法。不过，我们也可以做一点事情。

刚才我们提到拉康，这并非偶然。1932年，他在博士论文中激烈地批评了生理机制概念。我们不会采用他的结论，但是我们要强调的是，我们不打算使用法国学派的生理机制概念，我们选择"结构"："其中包括我们可能部分了解的无意识精神生活，尤其是被压抑的部分和要压抑的部分，这些因素都是积极参与到每个精神个体组织的。"[73]

我们看到，维纳兹展示出一种被抛弃者的"负面敌意"型结

---

[73]《放弃型神经症》，p.54。

构。我们可以从反向行为的角度来解释，也就是说从环境与个人的互动方面来解释，然后建议改换环境，"换换空气"。可是，改换环境之后，结构还存在。维纳兹自己改换了环境，但并不是让自己成为人；他的目的不是让世界换上健康的形式；他不是寻找心理与社会平衡的环境，而是在确认他的向外发泄的神经症。

一个个体的神经症结构，就是冲突情结在自我中出现、形成和发展的过程，这些冲突情结一方面与环境有关系，另一方面来自个体以完全个人的方式对环境影响做出的反应。

有一种观点是要把妮妮和卡佩霞的行为泛化为一种黑种女人对白种男人的一般规律性表现，这是一种愚弄者的企图，同样，我们认为，把维纳兹的态度扩展到有色人种的总体也是很不客观的。我们的愿望就是，不要再把这一个维纳兹的失意归结在他皮肤的黑色素方面。

那种寻找白色肉体的性神话（只存在于异化的意识之中）不应该再来干扰正常的思维。

无论如何，肤色不能被当作缺陷。如果黑人接受欧洲人传输给他的这个理念，他就没有行动余地了，"他肯定想试着提升自己变成白人，也就是在颜色等级中升上去，这难道不是很明显吗？"[74]

在我们来看，另一种办法是存在的。但需要重新组织世界。

---

[74] 克罗德·诺尔戴（Claude Nordey）编，《有色人种》（*L'homme de couleur*），1939.

第四章 论被殖民者的所谓依赖情结

> 在世界上每一个被迫害、被折磨的可怜人身上,都有一个我在被杀害,在被侮辱。
>
> ——塞泽尔,《狗沉默了》

当我们开始这项研究的时候,我们只有马诺尼先生在《精神》(*Psyché*)杂志上发表的几篇文章。我们曾打算给作者写信,请求他把研究结论告知我们。后来我们了解到他的专著即将出版,会包含我们想知道的内容。现在这本书已经出版,题为"殖民地心理"。本章将对此书进行细致地解读。

首先可以肯定的是,此书的分析思考是诚实的。马诺尼先生亲身经历过殖民地的极端困境,他列举了土著人与殖民者之间关系的各种心理现象,但可惜过度了。

当今心理学研究的基本特征似乎是尽可能多地覆盖所有情况。可我们不能忽视现实。马诺尼先生尽管用二百二十五页文字描写了殖民地情况,但并没有抓住真正的坐标。

第四章　论被殖民者的所谓依赖情结 81

要想研究两个民族之间互相理解的可能性，我们必须加倍地细致。

我们非常感谢马诺尼先生在研究中引进了两个因素，这两个因素的重要性大家都认可。

初看这本书，感觉非常客观。马诺尼先生的研究很真诚，他展示出，我们要想解释人的问题，前提必须是这个人有可能接受或者不接受某种特定境况。殖民地问题不仅包括客观条件和历史条件之间的关系，也包括人对这些条件的态度。

同样，我们同意马诺尼先生把冲突作为病理来看的观点，就是说要展现出，从阿德勒的过分补偿观点来看，白人殖民者只有在他愿意结束某种不满情绪的情况下才会行动。

可是，我们不同意他这句话："一个马尔加什人，未接触过殖民地环境，仍旧会出现普遍的自卑感，这无可争议地证明，从他的儿童期就有了一种自卑情结的种子。"[75]

读到这一段，我们感到某个东西倾塌了，作者的"客观性"可能会误导我们。

但我们还是抱着热心试图在书中重新寻找主导线索："中心问题是，'文明人'与'原始人'的相遇产生了一种特殊情况，即殖民情景，进而也就使一系列的幻觉和误会出现了，这只能通过心理学研究来定位和形容。"[76]

---

[75]《殖民地心理》，p.32。马尔加什人，即马达加斯加岛上的主要民族。——译者注
[76]《殖民地心理》。

那么，既然马诺尼强调这个出发点，为什么还认为自卑情结是在殖民地出现以前就有的呢？我们在此看出一个矛盾，精神病学如此解释：精神失常往往存在一些隐性的形式，而在某个创伤之后会成为显性表现。外科方面则会如此解释：静脉曲张的出现不是因为他被迫站立了十个小时，而是因为他的静脉本身有一定的脆弱性；他的劳动模式只是一个外部的催生条件，超级专家在此认为雇主的责任很有限。

我们还将对马诺尼先生的结论进行探讨，这里先阐明一下我们的立场。我们的原则是：一个社会要么是种族歧视社会，要么不是。我们必须承认这一点，不然就会忽略大量的问题。比如，说法国北部比南部种族歧视，说种族歧视是被下等人发明的，与上等人无关，说法国的种族歧视是世界上最少的，这些说法都是人们不会正常思维的表现。马诺尼说，种族歧视与经济境况无关，证据就是，"南非的白种工人甚至比雇主和老板更为种族歧视"[77]。

我们很抱歉，但我们就是要让那些负责书写殖民历史的人记住这一点：在两种非人道的行为之间寻找不同点是一种空想。我们并不是要把我们的问题充斥这个世界，我们只想询问马诺尼先生，对于一个犹太人来说，在查理·莫拉斯（Charles Maurras）[78]的反犹主义和戈培尔的反犹主义之间，区别是不是可以忽略。

---

[77]《殖民地心理》，p. 16。
[78] 查理·莫拉斯，法国作家，极右派政治家，反犹主义者，二战期间与纳粹合作，战后被判处无期徒刑。——译者注

第四章　论被殖民者的所谓依赖情结

萨特剧本《毕恭毕敬的妓女》在北非的一场演出结束时，一个将军对萨特说："这出戏要是去黑非洲上演就好了。可以让人们看看，法语国家的黑人比美国黑人幸福得多。"

我真的相信某种个人经历是可以被他人理解的；我自己很反感对别人说：黑人问题是我的问题，我一个人的问题，然后就独自研究。可是，马诺尼先生并没有试着去感觉黑人在面对白人的时候体会到的那种绝望。我在本书中就在着重表现黑人的苦难。既从触觉入手，也从情感入手。我不打算采取客观的态度。其实也不是不打算，我不可能采取客观的态度。

事实上，种族歧视和种族歧视有区别吗？我们看到的难道不是人类同样的堕落，同样的失败？

马诺尼先生认为，南非穷白人讨厌黑人，这与任何经济机制无关。我们可以拿这个与反犹主义比较："我把反犹主义看作一种穷人的时髦主义。看起来大部分富人都在利用这种情绪，而不是真的投入，他们没有这份闲心。这种情绪一般在中产阶级中流行，就是因为中产阶级既没有田，没有城堡，也没有大房子！把犹太人按照低等下流的人对待，我一下子就成了上等人。[79]"我们可以肯定，南非的白人无产者对黑人无产者的敌意正是南非经济制度的结果。

南非是什么？二百五十三万白人压迫着一千三百万黑人。

---

[79] 萨特，《关于犹太人问题的思考》(*Réflexions sur la question juive*)，1946，p. 32。

穷白人憎恨黑人的原因,并非马诺尼先生所说的,"种族歧视是小工商业者和小殖民者对自己处境不满的结果"[80]。不是,而是因为南非的结构就是种族歧视结构:

> 在南非,"对黑人友善"或者"爱人类"都是骂人话……人家把土著人和欧洲人分隔开,无论是从土地方面、经济方面,还是政治方面都分隔开,让他们在白人政权统治下建设自己的文明,但要保持最少的种族之间的交往。人家给土著人分配了土地,强迫大部分土著人都住在那里。经济竞争被取消,占当地欧洲人总数50%的"穷白人"境遇将得到改善……
>
> 可以不夸张地说,大多数南非人几乎从身体上都难以接受把他们和土著人或者有色人种一起对待的任何可能。[81]

马诺尼先生说:"经济上的隔断主要来自对竞争的恐惧,以及保护占欧洲人总数一半的穷白人的境况,避免他们的情况进一步恶化。"

马诺尼还说:"殖民地经营模式与其他经营模式不同,殖民地种族歧视也不同于其他类型的种族歧视……"[82]作者谈到

---

[80]《殖民地心理》,p. 16。
[81] 见论文集《有色人种》中的文章(R. P. Oswin, «Magrath du couvent dominicain de Saint-Nicolas, Stallenbosch, Afrique Australe Anglaise», *L'homme de couleur*),p. 140。
[82]《殖民地心理》,p. 19。

现象学、精神分析、人类团结等，但我们感到这些词汇都缺乏具体意义。各种经营模式都是类似的，都要从《圣经》里面找到必然性。各种经营模式都是一样的，因为都用于同一个"客体"：人。如果只从抽象意义上来看某种经营模式，就会掩盖更为重要、更为根本的问题，即把人各归其位的问题。

殖民种族歧视与其他种族歧视没有区别。

反犹主义震动了我，我激动，我被愤怒吞噬，我觉得做人的可能性被剥夺了。我不能对兄弟的命运置若罔闻。我的每一个行为都关乎人类。我的每次犹豫，我的每次懦弱都显示出人类的弱点。[83] 我们像是听到了塞泽尔的话："当我打开

---

[83] 写到这里，我们想到雅斯贝尔斯的罪责思想："作为人类，人与人之间，存在着一种团结，因而每个人都对世界上的一切不公和罪恶负有责任，尤其是对于他在场看到的罪恶，或是有所了解的罪恶。如果我没有做应该做的事情来阻止罪恶发生，我就是帮凶。如果我没有冒着生命危险阻止杀人，而是保持沉默，我觉得我是有罪的，是司法角度、政治角度或道德角度之外的某个意义上的罪。如果发生过这样的事情之后我继续活着，我就会永远背上沉重的负罪感。在人与人的关系深处有一种绝对的要求：如果遇到犯罪袭击，或者生存条件威胁到人身安全的情况，我们只能接受一起活着或者同归于尽。"参见雅斯贝尔斯（Karl Jaspers），《德国人的罪责》（*La culpabilité allemande*, traduit par Jeanne Hersch），pp. 60—61。

雅斯贝尔斯认为上帝能够做出决定。显然这里上帝没有用。不过可以以上帝的名义来告诉人类他必须为他的同类负责。负责的意思是，我的任何一个举动都是关乎整个人类的。每个行动都是回答或者提问，或两者同时。我在超越自己的同时，也在显示我的行为对他人的价值。反之，我们观察到历史上黑暗时期的被动行为，可以理解为是难以对人类负责的表现。荣格在《现代悲剧特征》一文中说，每个欧洲人，在一个亚洲人或印度人面前，都应该承认自己跟纳粹罪恶的关系。另一位作家，玛丽丝·舒瓦兹（Maryse Choisy），在《波利克拉特斯的指环》中描写了德国占领期间那些所谓的中立者所感受到的负罪感。他们觉得自己对所有死难者和所有布痕瓦尔德集中营的受害者都负有责任。

收音机,听到美国黑人被迫害的消息,我觉得被骗了,希特勒并没有死;当我打开收音机,听到犹太人被侮辱,被歧视,被残杀,我觉得被骗了,希特勒并没有死;当我又打开收音机,听到在非洲强制劳动是合法的,有规模的,我觉得,真的,我们被骗了,希特勒并没有死。"[84]

是的,欧洲文明及其代表应该为殖民地种族歧视负责;[85]这里再引用塞泽尔的话:"就这样,有一天,资产阶级被巨大的震动惊醒了,盖世太保在运作,监狱被填满了,施刑者在发明新的刑具。"

> 人们吃惊,人们愤怒。人们说:"不可思议!但是,唉!这是纳粹,会过去的!"然后大家等待,期盼。然后大家给自己掩盖事实,说这是野蛮行为,极野蛮的行为,登峰造极的野蛮,空前绝后的野蛮,说这就是纳粹主义。开始人们接受,接着人们忍受,然后是无奈,闭上眼睛,使其合法化,因为,直到那个时候,纳粹主义针对的都不是欧洲人口;这种纳粹主义,人们培育了它,人们都是有责任的,它逐渐渗透,浸入,从西方基督教文明的每一个空隙中涌进,填满一条条泛红的河流。[86]

---

[84] 作者的个人记忆——引自1945年塞泽尔竞选演讲片段,法兰西堡。
[85] "欧洲文明及其代表人物与殖民地种族歧视并没有关系;殖民地的种族歧视是下层人、小商人和不得志的欧洲殖民定居者造成的。"(《殖民地心理》p. 16)
[86] 塞泽尔,《关于殖民主义的讲话》(*Discours sur le colonialisme*),pp. 14—15。

那些阿拉伯人，看上去时时在被人追捕，处处提防着，有随时要逃逸的神色，身上是破烂的长袍，就像是专门为他们定做的，每次看到他们，我们就觉得马诺尼先生搞错了。多少次，我们被当作阿拉伯人，在光天化日之下被警察拦截，而当他们得知我们来自哪里之后，就马上道歉说："我们清楚，马提尼克人跟阿拉伯人很不一样的。"我们表示不同意，但他们说："你们不了解阿拉伯人。"真的，马诺尼先生您搞错了。您说"欧洲文明及其代表人物与殖民地种族歧视并没有关系"这句话意味着什么？是不是意味着殖民主义是探险家和政客的作品，而"欧洲文明的代表"是与此完全不沾边的？然而，弗朗西斯·让松说，一个国家的每个公民，都对以国家名义采取的行动负有责任："一天又一天，这个体制在你周围发挥着恶劣的影响，一天又一天，体制的建设者背叛着你的初衷，以法国的名义实施着某些政策，这些政策完全不代表你的利益，也违背着你的信仰……而你却躲避现实，而且引以为荣，那么就任由那些在这种不良气氛中如鱼得水的人胡作非为吧，也正是这些人以他们的行为创造了这样的不良气氛。如果你能保持自身的洁净，那就说明有些人替你进入了污浊之中。你有打手，但实际上你是凶手：因为如果没有你，没有你的不闻不问，那些人也不可能采取那些行动，现在你和他们都是罪人。"[87]

---

[87] 弗朗西斯·让松，《被征服和被平息的阿尔及利亚》(«Cette Algérie conquise et pacifiée...»)，《精神》(*Esprit*) 杂志，avril 1950, p. 624.

我们上文提到南非的结构是种族歧视的结构。我们还可以说，欧洲也有一种种族歧视的结构。马诺尼先生显然没有注意这个问题，因为他说："法国是世界上最不种族歧视的国家。"[88] 漂亮的黑人们，骄傲地做法国人吧，吃点苦算什么，因为你们的同类在美国比你们痛苦……而其实法国就是种族歧视的国家，因为"黑人恶劣"的神话已经深入集体无意识中。我们将在第六章讨论这个话题。

接着读马诺尼的书："因肤色而感到自卑的情结基本只出现于周围环境多为另种肤色的人的环境中，自身属于少数人的个体上；在社会结构较为稳固的，较为均一的群体中，自卑情结相当少见。"[89]

我们还想向作者提出几个疑问。在殖民地的白人无论如何都没有感到过低人一等；马诺尼先生也说："他不是被当成神，就是被吞掉。"殖民者尽管是"少数群体"，但没有被当成下等人。马提尼克的两百名白人全都认为自己比三十万有色人种高贵。在南半球的非洲，有两百万白人，一千三百万土著人，但是没有一个土著人感觉比少数的白人高贵。如果说阿德勒的发现和库恩凯尔的发现都很重要，可以解释某些神经症表现，但这并不能成为运用在极为复杂问题上的一般法则。土著人的自卑情结与欧洲人的高贵感是对应关系。我们应该大胆地说出来：种族歧视制造了自卑情结。

---

[88]《殖民地心理》, p. 31。
[89]《殖民地心理》, p. 108。

我们这个结论与萨特一致，他说："犹太人是被其他人当作犹太人的人：这是一切的根源……是反犹主义制造了犹太人。"[90]

马诺尼先生所说的极少见情况是怎样的呢？他说的情况是，某些进化了的黑人，突然发现自己完全吸收的文明并不接受他。那么我们可以顺着他的思路得出如下结论：如果作者提到的这样一个典型的马尔加什人承认自己的"依赖性"，那么一切都没有问题；但是，如果他忘记了自身的位置，想与欧洲人平起平坐，那么欧洲人就会恼怒，进而排斥他；因此，在这个"极少见的情况"下，这个无廉耻的人就会因为他拒绝依赖性而产生自卑情结。

我们前面在马诺尼先生的论述中找出了一个误会，相当严重的误会。也就是说，他给马尔加什人两条路来选，自卑情结或者依赖顺从。除此之外别无选择。"如果他走不出这一步，他的不安全感就不会消失，他就体会到失败。"[91]

马诺尼先生的第一大目的是，批评那些研究原始社会族群的众多人类学家采用的研究方法。但我们也可以同样地批评他自己的著作：

> 作者把马尔加什人封闭在其风俗之内，以单边视角分析其世界观，描述封闭环境内的马尔加什人，说马尔加什人对其祖先维持着依赖关系，完全是部落式的特征，作者

---

[90]《关于犹太人问题的思考》，pp. 88—89。
[91]《殖民地心理》，p. 61。

置客观性于不顾，将其结论又运用在一种双边的理解上，有意地回避了加利埃尼[92]统治之后马尔加什人已不存在的事实。

我们想对马诺尼先生说的，就是让他来解释殖民地的情况。可他在书里竟然忘记了。什么都没有失去，什么也没有制造，这我们知道。乔治·巴朗迪埃（Georges Balandie）在一本研究卡迪纳（Kardiner）和林登（Linton）的书中[93]，模仿黑格尔，写下有关性格动态的文章："一个人最近的性格状态是他之前所有状态的发展结果，包含了所有状态的特征。"这尽管不无玩笑色彩，但很多研究人员都遵循了这条规则。可是马尔加什人在欧洲人到来之后的反应和表现与其之前的性格状态是不可能叠加的。他之前的精神特质并没有增加。如果说火星人来殖民地球，不是让地球人学习火星文化，而只是单纯地殖民，我们怀疑任何性格会持久不变。卡迪纳很客气地写道："把基督教教给阿洛尔人，就像堂吉诃德的行动，毫无意义，因为人的性格已经建立在与基督教教义完全相左的基础上，以这种方法入手肯定是错误的。"[94] 如果说黑人学不了基督的教诲，这不是因为他

---

[92] 加利埃尼（Joseph Gallieni，1849—1916），法国元帅，曾在法国殖民马达加斯加之初任总督，以统治残酷出名。——译者注
[93] 乔治·巴朗迪埃（1920—2016），人类学家，社会学家，曾支持非洲国家独立运动。——译者注
[94] 参见巴朗迪埃在其文章 «Où l'ethnologie retrouve l'unité de l'homme»，*Esprit*，avril 1950，p. 610 中的引用。

们没有这样的能力。学习新东西需要人愿意学,要准备学,需要重新调整。等待吃不饱饭的黑人或阿拉伯人做出努力去学习抽象概念,这显然是乌托邦幻想。让一个尼日尔高原上的黑人穿上鞋子,说他没有舒伯特的才华,这就跟埋怨雷诺工厂的某个工人不利用业余时间学习印度文学的音韵,或者骂他怎么也学不成爱因斯坦一样荒诞不经。

确实,从绝对意义上说,这也没什么矛盾的。不矛盾,只是这些人不会有这样的机会。

可他们竟然都不抱怨!证据如下:

> 一大早,除了父亲、母亲,小屋里都是老茧,像是一份满是水泡的罪恶,薄薄的屋顶,钉着汽油桶剪下的铁皮补丁,看上去像一片铁锈的沼泽,下面糊着发臭的干草,刮风的时候,这些东西就发出怪怪的声响,先是像油锅的翻滚声,然后像是一块木炭掉进水里的声音,还有灰烬飞起来。在这木板搭成的床上,我们的人种起床了,这个人种的所有人都从这木板搭成的床上起来了,用汽油桶做的床腿,床都像是患上了"大象腿",上面铺着羊皮,铺着晒干的芭蕉叶,铺着破烂的被单,我想念祖母床上的床垫,床顶还有一个油灯,里面灌满了油,火苗有萝卜头那么大(油灯瓶外面印着两个金色的字:谢谢)。[95]

---

[95]《回乡札记》, p. 56。

可是，这种态度，这种表现，这种系结在耻辱和灾难里的生命，会愤怒，会抗议，要反对，要叫嚷，当你问他：

——你们要怎么样？
——要开始！
——开始什么？
——世界上唯一值得开始的事情：开始世界末日，该死的。[96]

马诺尼忘记了这一点，马尔加什人已经不存在了；他忘了，马尔加什人是跟欧洲人一起存在的。白人到达马达加斯加以后，扰乱了心理边界和心理机制。所有人都说了，黑人的他者，不是黑人，是白人。马达加斯加这么大的一个岛，一下子就被"文明的先锋"侵占了，尽管那些先锋尽可能地表现文明，岛上还是经历了一场解构。马诺尼先生也提道："殖民地初期，每个部落都想要一个白人。"[97]有人解释说这是某些魔法或图腾的缘故，有人说是人们需要接触这个可怕的神，还有人说这就证明了依赖性，但不管怎么说，岛上发生了某些新的事情，如果不考虑这一点，任何分析都是错误的，荒唐的，无用的。这里的情况变了，我们必须试图理解新的关系。

---

[96]《回乡札记》，p. 56。
[97]《殖民地心理》，p. 81。

第四章 论被殖民者的所谓依赖情结

白人侵入马达加斯加带来一种绝对的伤痛。马达加斯加突然出现欧洲人的事件产生的影响极为深远,这不仅是心理层面的,大家都知道,因为人的意识是与社会环境息息相关的。还有经济影响呢?但这需要全面审判殖民主义!我们还是得继续我们的研究。

以抽象概念来说,马尔加什人可以接受自己不是白人的事实。残酷的是,他先知道自己是一个人(认同机制),后来发现人是分为白人和黑人两类的。如果说"被抛弃"或"被背叛"的马尔加什人还认为自己是人,他的想法就成了一种诉求;他就会要求平等,而以前的他是不需要的。如果在他要求之前,他就得到了平等,这对他来说就是有利的,而之后得到就难以抚平他的痛苦:因为在争取平等方面的一切进步都会彰显与以前的区别,使其突然变得无法忍受,无法忘却。因此,马尔加什人的心理就从依赖性转变为自卑情结。[98]

读到这里,误会又出现了。的确,马尔加什人完全可以接受自己不是白人的事实。马尔加什人就是马尔加什人;或者说,他不是马尔加什人,但他的"马尔加什特征"就在那里。如果他是马尔加什人,那是因为白人这么叫他;如果,在他的

---

[98]《殖民地心理》,p. 85。

经历中，他需要思考自己是不是一个人，那是因为别人不承认他是人这个事实。

也就是说，当白人歧视我的时候，我变成殖民地人口，我的价值被剥夺了，我的特殊性被取消了。人家说我是寄生虫，说我必须马上按照白人说的去做，"说我是个野蛮的动物，说我和我的同种人就像游走的废物，只配去侍弄甘蔗和棉花，说我在世界上一点用都没有"〔99〕的时候，我就开始因为自己不是白人而痛苦。我就开始想当白人，就是说让白人觉得我也是人。可是，马诺尼先生会说，你不可能，因为你本身就具有一种依赖性情结。"不是所有的民族都可能被殖民，只有那些本身有这种需要的民族才可能成为被殖民者。"他还说，"在欧洲人开发了殖民地的那些地方，我们都可以说，当地人无意识中在等待、盼望殖民者。到处都有一些神话传说，描述从海上来的外国人，给当地带来了福祉。"〔100〕

这里说的，就是白人有一种权力情结，领导情结，而马尔加什人有一种依赖情结。大家各得其所。

我们要问，为什么欧洲人这种外国人，被称为瓦扎哈，就是"尊敬的外人"，为什么沉船上逃出来的欧洲人被土著人张开臂膀热情地接待，为什么这种外国人从来没有被当成敌人？马诺尼此书绝口不提人性，不提善良，不提礼仪，也就是塞泽尔称为"古老的有礼民族"的基本特征，而只说这是早已写在命

---

〔99〕《回乡札记》。
〔100〕《殖民地心理》，pp. 87—88。

运的象形文字之中的，埋在无意识中的，白人就是被期待的主人。是的，是无意识的问题。但不能随处都用。一个黑人给我讲他做的梦："我走了很长时间，很疲惫，我感觉什么事情在等着我，我穿过一些障碍，越过某些墙，走进一个空空的大厅，一扇门后有声响，我不知能不能进去，后来我进去了，这个房间里有几个白人，我发现我也是白人。"

我试着分析他的梦，因为我知道这个朋友总是没法往前走，我认为这个梦意味着他的无意识的愿望。如果需要把这个结论运用到精神分析之外的世界历史中，我会说：

1. 我这个病人患有自卑情结。他的心理结构可能会坍塌。我们应该维持他的心理结构，逐渐把他从无意识愿望中解救出来。

2. 如果他目前完全被成为白人这个愿望所控制，这就说明他所处的社会造成了他的自卑情结，这个社会甚至就在维持这种情结，这个社会就在承认某个人种的高贵；正是因为社会给他带来了很多困难，他就成为神经症患者。

这里可以看出的，就是必须在个体和集体两个层面来行动。我作为精神分析师，我要帮助病人了解他的无意识，不再臆想变白，而是去努力改变社会结构。

或者说，黑人不应该再犹豫不决，是变白还是消失掉，而是应该明白他要生存下去，也就是说，如果社会因为他的肤色而给他带来困难，如果我在他的梦中发现他无意识中想变成白人，我的目标不能是劝他要保持距离；我的目标应该是，厘清线索以后，让他有可能做出选择，面对真正的冲突源头，也就是对于社会结构,去行动(或是选择不行动)。

马诺尼先生是从各个角度来分析问题的,所以也分析了马尔加什人的无意识。

他为此分析了七个梦:七个讲述无意识的记录,其中六个表现的都是恐惧。几个孩子和一个大人讲述他们的梦,梦中情景都是颤抖着,在逃,非常痛苦。

> 厨师的梦:
> 我被一头愤怒的黑牛追着。我吓得爬上一棵树,一直等到危险消失。我战战兢兢地爬下来。
>
> 十三岁男孩拉赫维的梦:
> 我在树林里走着,看到两个黑人。啊!我说我完了!我要跑,但是跑不了。他们把我围住,说着什么。我觉得他们在说:"你马上就知道死是怎么回事了。"我吓得发抖,对他们说:"放了我吧,先生,我好怕!"其中一个会说法语,但他们对我说:"来见我们的头儿。"他们走在我后面,拿枪顶着我。我怕极了,但是走着走着,需要过河,我就一下子潜在河底。我冷静地找到了一个石洞,藏了起来。后来,那两个人走了,我赶紧跑回了家……
>
> 卓赛特的梦:
> 主体(一个少女)走丢了,坐在一根木桩上。一个白裙女人告诉她这周围全是强盗。接下来的记录是,"我是学生,"我颤抖着说,"我在放学的路上,迷路了。"她说:

"走这条路吧,你会找到你的家。"

十三四岁的男孩拉扎菲的梦:

他被一些(塞内加尔)枪手追赶着,枪手们"骑着快马","他们举着枪"。主体隐身跑掉了。他跑上一个楼梯,找到了自己的家……

十三四岁女孩埃尔菲娜的梦:

我梦到一头黑牛凶猛地追着我。牛很健壮。头上有白色的斑点,牛角尖尖的。啊!倒霉了!我心里说。路变得越来越窄,我怎么办?我爬到一棵芒果树上,唉,掉进了树丛。牛就用角顶我。我的肠子都出来了,它就吃了……

拉扎的梦:

这个梦里,主体在学校听说塞内加尔人来了。"我从学校操场上出来看。"塞内加尔人来了,真的。他就跑,往家跑。"但我家里也都是塞内加尔人……"

十四岁男孩夕的梦:

我在公园里走,我感觉身后有个影子跟着。树叶碰撞着,掉在地上,好像有强盗要抓我。我不管走到哪儿,那个影子都在跟着我。我怕极了,开始跑,可影子的步子很大,伸手抓住我的衣服。我觉得衣服被撕破了,就叫起来。我父亲听到我叫喊,起床来看,我感觉大影子不见了,我也不害怕了。[101]

---

[101]《殖民地心理》, pp.55—59。

十几年前，我们曾经非常吃惊地发现，北非人厌恶有色人种。当时我们很难跟土著人接触。我们后来离开非洲到了法国，并没有弄懂其中的原因。然而，我们思考了几个因素。法国人不喜欢犹太人，犹太人不喜欢阿拉伯人，阿拉伯人不喜欢黑人……人们对阿拉伯人说："你为什么穷，就是因为犹太人骗你们，把钱都弄走了。"人们对犹太人说："你们跟阿拉伯人不一样，因为你们是白人，而且你们民族出了伯格森和爱因斯坦。"人们对黑人说："你们是法兰西帝国最优秀的士兵，阿拉伯人自以为比你们高贵，但根本不是。"其实这也不准确，因为没人会对黑人说什么，没什么可说的，塞内加尔步兵就是步兵，听长官命令的步兵，只知道听命令的好兵。

——你，不过去。
——为什么？
——我，不知道。你，不过去。

白人没办法面对各种诉求，就推卸责任。我把这个机制叫作：按种族分摊罪责机制。

我们前面提到，有些事情使我们震惊。每次发生骚乱，军方总是把有色人种士兵放在最前面。让一些"有色人种"来镇压另一些"有色人种"的解放运动，以此证明没必要把这些运动当成普遍性的事，这样他们可以对黑人说：阿拉伯那些懒人想造反的时候，都没有任何名正言顺的理由，其实只是想发泄自身无意识的情绪。

在第二十五届天主教大学生大会上，针对马达加斯加问题，一个黑人学生说，从非洲人的角度，"我抗议把塞内加尔步兵调遣到马达加斯加去，我抗议那里的过激行为"。我们都知道，塔纳纳利夫警察局的黑手之一就是塞内加尔人。因此，在这种条件下，由于马尔加什人对塞内加尔人的印象如此，弗洛伊德的理论对我们来说完全不起作用。这里提到的梦境需要放置在当时的时代环境中，也就是那里2%的人口、八万土著人被杀的时候；放置在那个地点，就是这个四百万人口的大岛，岛上不可能开展任何对话，各个方面都在冲突之中，到处都是谎言和污蔑。[102]

---

[102] 塔纳纳利夫案件有如下证词——
8月9日庭审。拉克托瓦奥申明：
"巴隆先生对我说：'既然你不接受我刚才说的，那么你就到反省间去吧。'我进了旁边的房间。这个反省间里全是水，而且另外还有一大桶脏水，具体多脏就不说了。巴隆先生说：'就是教训教训你，让你学会接受我刚才跟你说的。'巴隆先生让一个塞内加尔人管我，也跟其他人一样关进去。他让我跪下，把手放头两边，他拿了一根粗木棒压住我的手，然后，他踩我的后脖颈，把我的头摁到脏水桶里。他看我差不多晕过去了，就抬起脚，让我直起头吸一口气。然后多次重复，直到我完全没有知觉。这时他说：'拉出去打。'塞内加尔人就用一根牛筋棍打我，巴隆先生进来也亲手参与拷打。我估计，他们打了十五分钟，直到我喊实在受不了了，因为我尽管年轻力壮，也真的没法忍受了。这时他说：'那你就接受我刚才说的！'
我说：'长官，不是这样的。'
这个时候，他把我带进酷刑室，叫来另一个塞内加尔人，因为一个不够，他让他们把我倒竖着，把整个上身摁进桶里。又重复多次。最后我说：'不行了！我要跟巴隆先生说话。'我对巴隆先生说：'我要求你们至少以配得上法国的方式对待我。'巴隆先生说：'这就是法国的方式！'（转下页）

我们是不是可以说,某些情况下,社会原子的概念比人重要。我想起皮埃尔·纳维尔(Pierre Naville)写道:"如果把社会的梦当成个体的梦来看,把群体的征服欲当成个人的性本能来看,就又颠倒了事物的自然顺序,实际上,阶级之间斗争的经济和社会条件决定了个体的性表达的真实条件,一个人的梦的内容,说到底,也取决于他所处文明的总体情况。"[103]

(接上页)我忍受不了了,只好对他说:'那我同意您说的前一部分。'巴隆先生说:'不行,不能只是前一部分,必须是全部。''您让我说谎?''谎话不谎话,反正我让你全部接受……'"
接下来的证词:
"巴隆先生说:'再给他用点别的刑。'人家就把我带到旁边的房间,里面有个水泥楼梯。我的胳膊在背后捆着,两个塞内加尔人拽起我的双脚,把我在楼梯上拖来拖去。我后来还是受不了了,尽管我还有一点力气,也不能忍受了。我对那两人说:'告诉你们长官,我接受了。'"

8月11日庭审。被告罗伯特讲述:
"宪兵揪住我的领子,对我拳打脚踢。然后,他们摁着我跪下,巴隆先生又开始打我。
我不知道他怎么做的,只知道他站到我的身后,把火按在我的后脖颈上。我想用手去护,我的手也被烧了。
第三次被打倒在地的时候,我失去了知觉,我不记得发生了什么。巴隆先生让我在一份文件上签名,我说不;他叫了塞内加尔人,这个人把我拖进另一间酷刑室。塞内加尔人对我说:'你还是接受吧,不然你活不过去。'巴隆对他说:'随他去,约翰,你做你的。'他们把我的胳膊从后面捆住,让我跪倒,把我的头摁进大桶里。就在我要窒息的时候,他们把我拉出来,然后重复了很多次,直到我浑身瘫软……"

补充说明一下,让大家都了解,证人拉克托瓦奥后来被判处死刑。
当我们读到这样的记录,我们认为马诺尼先生忽略了他所研究现象的一个层面,那就是,黑牛,黑人,无非就是当时安全局的塞内加尔人。

[103] 纳维尔编,《心理学,马克思主义,唯物主义》(*Psychologie, Marxisme, Matérialisme*),1948,p. 151。

所以愤怒的公牛并不代表生殖器。那两个黑人，也不是两个父亲：什么一个代表生父，一个代表祖先。如果真的顺着马诺尼先生前面的理解来推理，那就会得出如下结论："这是对死亡和家庭的崇拜。"

塞内加尔步兵的枪不是生殖器，而是真的1916勒贝尔步枪。黑牛和强盗，也不是性器官，而是睡眠中出现的真的幻象。这些梦的主题，这些幻象，究竟代表什么？是不是想回到正路？有时是黑人步兵，有时是头上有白点的黑牛，有时又是一个善良的白人女性。我们在这些梦里能找到什么？其实就是一个内容："当你在树林里走，就会碰到一头牛，然后你被引回了家。"[104]

马尔加什人，别怕，就在你家里待着吧。

马诺尼先生描述了马尔加什人的心理之后，开始解释殖民主义的存在理由。在此处，他又添加了一种新的情结，就是"普洛斯彼罗情结"，也就是一系列无意识神经症特征的整体，其中既包括"殖民者父系角色"，也有"假想其女被下等人强奸未遂的种族歧视者形象"[105]。

普洛斯彼罗就是众所周知的莎士比亚名剧《暴风雨》里的人物。他的对立面有他女儿米兰达，还有卡列班。面对卡列班，普洛斯彼罗的态度是南美人比较熟悉的。他们总说黑人随

---

[104]《殖民地心理》，p. 71。
[105]《殖民地心理》，p. 108。

时在等待时机扑向白人女子。这段很有意思,马诺尼先生生动地描写了难以解决的冲突,而这似乎是殖民大业的基础。他说:"普洛斯彼罗缺乏的,也就是殖民者缺乏的,剥夺掉的,是他者的世界,他者被尊重的世界。这个世界中,典型的殖民者离开了,逃走了,因为他们无法承认别人的存在。这种逃避的缘由是一种儿童式的主导需要,而融入社会时未能归顺。也许这个人唯一的愿望就是旅行,逃避'摇篮恐怖',逃避'围墙壁垒',或者大概就是想要某种'更广阔的人生'……总之他想要找的是一个没有人的世界。"[106]

如果我们说,很多欧洲人去殖民地的目的是能短时间内发财,而且大多数殖民者都是商人甚至是贩子,我们就可以明白在土著人中引发了"自卑感"的这种殖民者心理是怎么回事。至于马尔加什人的"依赖情结",从我们可以读到的内容来看,马诺尼的论述也是从白人殖民者到来入手的。如果考虑马尔加什人在白人到来之前的,这种情结的初始期的话,马诺尼先生则没有任何依据对当前土著人的情况、当前的问题和出路进行判断。

---

[106]《殖民地心理》,p. 106。

第五章　黑人的亲身经历

"臭黑鬼！"或者只是一声："嘿，黑鬼！"我出生到这个世界，想赋予事物某种意义，我灵魂中充满创造世界的欲望，而我发现自己只是无数物体中的一个。

我被困在这种压抑的现实中，祈求他者。他的目光使我放松，我的身体猛然变得平滑，我找到一种轻快的感觉，我原以为已经不可能找到的感觉，这让我在世界上缺席的同时，把我还给世界。可是在那边，坡道上，我遇到障碍，这时另一个人，他的手势、态度和目光都固定在我身上，好像盯着一团染料。我发怒了，与他理论……没有结果，我气炸了。这就是另一个我的碎片。

只要黑人在自己的地方，除了某些内心斗争的时候，他一般不会需要为他人来考验自己的存在。当然有黑格尔所说的"为他的存在"，但是在一个殖民地的文明社会，任何本体论都是不可能的。这个问题似乎还没有得到研究者的重视。在被殖民民族的世界观里，有一种不纯，有一种缺陷，使任何本体论解释都行不通。也许您会反对说，任何人都是如此，但这么说就掩盖了一个根本问题。本体论，大家如今都承认它并不关注生存，没法让我们理解黑人的存在。因为黑人不需要做黑人，而是需要在白人面前做黑人。有人会对我们说，这种情况对白人也是一样的。我们不同意。在白人眼里，黑人是没有本体论的实力的。黑人在一夜之间，就经历了两套参照体系。他们的形而上学，或者粗浅地说，他们的风俗习惯及其依照的机制，一下子就被摧毁了，因为这与某种他们并不了解的文明不相符，而人家却把这种文明强加给他们了。

黑人在自己的地盘，在20世纪，不知道什么时候他的自卑该由别人决定……毫无疑问，我们与朋友讨论过黑人问题，也偶尔跟美国黑人讨论过。我们一致地抗议过，在世人面前强调过人人平等。安的列斯群岛在本土白人、混血人和黑人之间也一直有一种微妙的区别。但我们觉得从精神层面已经理解了这些区别。实际上，这也没什么特别的。而后来……

而后来我们有机会面对白人的目光。一种不寻常的沉重压住了我们。真正的世界在争夺我们的地盘。在白人世界中，有色人种难以描绘自己的身体。他对身体的了解是一种纯粹的否定行为。这是一种第三者的了解。所有与身体有关的事情都有一种不确定的感觉。我知道如果我想吸烟，就要伸出胳膊去拿放在桌角的那包烟。火柴在左边的抽屉里，我需要往后靠一下才能打开抽屉。这些动作，我不是习惯了，而是有一种不言自明的熟悉。我的自我，作为一个时空中的身体，就是这样逐渐构建的。这不是外界强加的,这是自身和世界的一种稳定的构建,为什么说是稳定的构建,那是因为在我的身体和世界之间有一种实在的辩证关系。

近些年来,某些实验室打算研制一种去黑药水;那些实验室,以极为认真的方式,清洗了试管,调节了天平秤,开始研制能把不幸的黑人变白的试剂,好让他们不再承受这种身体上的重负。"我在身体图式之下绘制了一个人种历史图式。我使用的元素不是来自'触觉,衣着,动作和视觉方面感受的记忆',[107]而是他者提供的,是白人给我编织的细节、点滴和故事。可我以为需要的是建构一个自我,需要在时空中找到平衡,需要标注各种感觉,但是人家让我交附加费。"

——"嘿,黑鬼!"这句话像是一个东西弹了我一下。

我笑了。

——"嘿,黑鬼!"真的,我觉得好笑。

——"妈妈,看那边的黑鬼,我好怕!"害怕!害怕!人家都怕我了。我以为自己会笑得喘不上气来,却笑不出来。

我笑不出来了,因为我已经知道有很多的传说、故事、历史,还有历史性,雅斯贝尔斯教我的。于是这个身体图式,从多个方面都难以支撑,只好让位于肤色人种图式。坐在火车上,我不能以第三者的眼光来了解我的身体,而是要同时以三

---

[107] 引自莱尔米特(Jean Lhermitte),《我们身体的影像》(*L'Image de notre corps*),1929,p. 17。

个人的眼光来了解我的身体。在火车上，人家给我留出的不是一个人的位置，而是两个、三个人的位置。这时我笑不出来了。我看不出世界模糊的坐标。我同时有三个身体，我占据着空间。我走向他者……而他者飘忽不定，怀有敌意但能看清，是透明的，缺席的，正在消失。我恶心……

我既为自己的身体负责，也要为我的人种、我的祖先负责。我客观地观察自己，发现自己的黑色，我的民族特征：我的太阳穴就被打上了食人族、智力低下、崇拜教、人种缺陷、贩奴船等烙印，还有，尤其是，傻大黑粗。

这一天，我很迷茫，无法到外面去面对白人，可他，毫不留情地把我囚禁起来，我把自己带到离现在的我远远的地方，把自己当成客体来看。这意味着什么呢？剥离，拔除，大出血，浑身流满黑色的血？可是，我不愿意这样的审视，这样的概念化研究。我只想当一个人，跟别人一样的人。我本来想以光滑和年轻的形象来到这个属于我们的世界，跟别人一起建设它。

但是我拒绝任何情感僵化。我想当人，不是别的。谁都把我跟我的祖先连在一起，被贩卖的奴隶，被欺压的，我都认了。我对这种血缘的联系是从精神的普世角度来理解的：我是奴隶的后代，就好像勒布伦（Albert Lebrun）总统[108]是穷苦农民的后代。其实，对于这个很快就没什么可说的了。

---

[108] 勒布伦，法兰西第三共和国最后一位总统（1932—1940年在位），出身于农民家庭。——译者注

在美洲，黑人被隔离。南美洲的街上可以看到人当街鞭打黑人甚至枪毙黑人罢工者。在西非，黑人就是牲畜。这里，就在我身边的这个医学院同学，来自阿尔及利亚的法国人，他对我说："只要他们把阿拉伯人当成跟我们一样的人，那我们就不可能有出路。"

——你看，老兄，肤色偏见什么的，我可没有……哦，怎么，快来，先生，我们这里没有肤色偏见……真的，黑人是跟我们一样的人……他即便是黑人，也并不会不如你我聪明……我当兵的时候有个塞内加尔战友，是个绝对细腻的人……

我的位置在哪儿？或者说，你们把我塞到哪儿？

——这是个马提尼克人，从"我们的"老殖民地来的。

我到哪儿去藏起来？

——看那个黑鬼！……妈妈，有个黑鬼！……嘘！他要发火了……别在意，先生，他不知道您是跟我们一样文明的……

我的身体被展示，被分解，被累得筋疲力尽，被穿了丧服，在这样一个白色的冬日。黑人是一个牲畜,黑人很坏,黑人很凶,黑人很丑。看,一个黑人,天气很冷,黑人直哆嗦,黑人哆嗦是因为太冷,小男孩哆嗦是因为害怕黑人,黑人因为冷而哆嗦,天气太冷,漂亮的小男孩发抖是因为他以为黑人气得发火。白人小男孩投进他妈妈的怀里:"妈妈,黑鬼要吃我了。"

周围都是白人,头顶上的天空翻滚着,大地在我脚下开裂,一首白色的歌,白色的。所有这些白色烧灼着我……

我坐在火边,我看到我身上的仆人制服。我从来没看到过。确实很难看。我静止不动,谁能告诉我美是什么?

今后把我塞到哪儿呢?我感觉我的存在变成的无数碎片慢慢地合拢起来。我的怒火正在升起。这团火很久前本来熄灭了,但是现在黑人又颤抖起来了。

——看,这个黑鬼,挺漂亮……
——漂亮黑鬼我他妈骂你,太太!

她的脸上显示出羞耻。我终于发泄了怒火。同时我发现两件事情:我找到了我的敌人,我也制造了混乱。很高兴。大家可以乐一乐了。

现在战场划好了,我要上场了。

怎么啦?就在我选择遗忘,选择原谅,只想去爱的时候,人家给我脸上甩过来一个信息,像个耳光一样甩过来。白人的世界,唯一正经的世界,拒绝我进入。人家要求人应该有人的表现。而对我，人家要求我应该有黑人的表现，至少是一个黑鬼的表现。我呼叫世界，但世界把我的热情灭掉了。人家让我不要出门，让我把自己缩小。不然别人就看见我了！可我提醒过他们。奴隶制？不提了，一段不好的回忆。我说自卑感？这就是开玩笑，不能放在心上。我忘记一切，但世界总得给我依托。我需要试试我的门牙，我觉得它们很有劲。接下去……

怎么啦？就在我有理由憎恨、反感的时候，人家排斥我？本来他们应该恳求我，央求我，可他们却完全不承认我？我决定，既然我没办法脱离与生俱来的情结，那我就堂堂正正地做个黑人。既然人家不想承认我，我还有一个办法：我去让他们认识我。

萨特在《关于犹太人问题的思考》一文中写道：犹太人被别人关于他们的想象逐渐毒害，他们整日惧怕自己的行为不符合别人的想象，因此我们可以说，一直以来，他们的行为从内部被过度决定了。

然而，犹太人的犹太身份还是可以被忽略的。因为这并不完全是他的身份。人们的期待，人们的希望，最终由他的行为和表现来决定。因为他是白人，除了几个无关紧要的特征，别人常常是看不出来的。犹太人还是属于那个从来不知道食人族的人种的。居然还会有吃掉他父亲的事?! 活该，谁让他是黑人呢。确实，犹太人被折磨了，我知道，他们被驱赶，被灭绝，被装进高炉，但这是他们的家事。犹太人被发现以后才会被恨。可我就不一样了。我没有任何机会。我从外部就被过度决定了。

我不是被别人的"观点"囚禁的,而是被我的外表囚禁的。

我慢慢地来到这个世界,习惯于不再突然出现。我匍匐进场。即便如此,白人的目光,真正的目光,已经解剖了我。我被固定住。他们调节显微镜,客观地观察了我的切片。我无处可逃。我感觉到,我看到,白人的目光中进来的不是一个新来的人,而是另外的一种人,新的一类。黑人,就是这样!我躲到角落里,我的触角碰撞着各种东西,黑人的衣服都是黑人的味儿,黑人的牙很白,黑人的脚很大,黑人的上身很宽,我躲在角落,我一声不出,我不想出名,我想让别人忘记我。知道吗?我可以接受一切,只要人们别再注意我!

——来来来,我给你介绍我的黑人朋友……艾梅·塞泽尔,黑人,大学教授;玛丽安·安德森,著名的黑人歌唱家;考伯博士,白色血液的发明者,也是黑人。来,跟我的马提尼克朋友认识一下(小心点儿,他挺多疑的)……

羞耻。为自己羞耻,看不起自己。觉得恶心。有人爱我,对我说不在乎我的肤色。有人讨厌我,也说跟我的肤色没关系……不管在哪儿,我都被关在这个怪圈中。

我于是离开这些大洪水到来之前的观察者,去找我的兄弟们,他们是跟我一样的黑人。可怕的是,他们也排斥我。他们是假白人。而且他们都要娶一个白人女子。他们会有微褐色的孩子……也许,慢慢地,大概就……

我做梦了。

——您看出来了吗,先生,我是里昂城中最亲黑的一个。

这是显而易见的。我的黑色明摆着,不可置疑。这个颜色折磨着我,驱赶着我,使我担心,使我绝望。

黑人是野蛮人,没教养,文盲。但我呢,这些特点全不符合。关于黑人的神话必须不惜一切地拆除掉。如今的时代,不是看到一个黑人神父就要惊讶得目瞪口呆的时代了。有黑人医生,黑人教授,黑人政治家……是的,但这些例子似乎都依然是不寻常的特例。"我们历史老师是塞内加尔人。他很聪明,哎……我们的医生是个黑人。他态度可好了。"

黑人教授,黑人医生;我开始变得脆弱,我为一点小事颤抖。我知道,比如说,如果那位医生出点错,那他就完了,以后的黑人医生也都完了。本来嘛,怎么能指望一个黑人医生呢?如果一切顺利,则人们都赞不绝口,但是小心点,千万别出差错!一个黑人医生难以想象自己的处境是多么微妙。我告诉你们,我是被看管的:不论我的风度如何,不论我的文学素养如何,不论我如何懂得量子,其实都没有用。

我要求,我请求人家给我解释。人家就像对待一个孩子一样,慢慢地给我讲,告诉我有一些人是有某种看法的,不过呢,"希望这种看法会尽快消失"。什么看法呢?肤色偏见。

> 肤色偏见就是一个人种对另一个人种的无理由的憎恨，强大和富有的民族对他们认为比他们低等的民族的鄙视，以及那些被奴役被侮辱的民族的怨恨情绪。肤色是人种最明显的外在表现，因而它成为人判断人的标准，而使人无视每个人的受教育情况和社会处境。浅肤色的人种歧视深肤色的人种，深肤色的人种则拒绝继续忍受别人强加给他们的卑微处境。[109]

我看到了。就是憎恨；我被憎恨，被反感，被歧视，不是被对面的邻居，也不是被某个表弟，而是被某个人种的全体。我碰到的是某些无理由的事情。精神分析学家说，对于幼儿来说，接触理性是非常痛苦的。我个人认为，对于唯一拥有的武器就是理性的人来说，接触非理性是最可能引起神经症的。

我感到体内长出了刀子。我决定要维护自己。我打算采取策略，使世界变得理性，让白人认识到他们的错误。

萨特说，犹太人身上有一种"对理性的狂热，因为他不仅想说服别人，证明自己是对的，他的目标也是要告诉对方，理性主义有一种绝对的无条件的价值。他把自己当成普遍性的传教者；而面对把他排斥在外的天主教普遍性，他提倡理性主义的'天主教色彩'，理性主义是达到真理并且把人与人联系起

---

[109] 阿兰·布恩斯，《种族与肤色偏见》，p. 14。

来的工具"[110]。

萨特还说，确实有些犹太人把直觉当成他们的哲学根本问题，但他们的直觉"与帕斯卡尔所说的敏感性精神完全不同，帕斯卡尔的敏感性精神是建立在无数个难以捕捉的细微感觉之上的，不可置疑而且不断变化的，但这是犹太人眼里最可怕的敌人。至于柏格森的哲学，则显示出某种反智主义理论的奇怪特点，而这种理论却是由最理性和最具批判性的智识建立的。他证明了一种纯粹的时间，一种哲学直觉的存在；这种直觉发现了时间，或者说发现了生命，这是普遍性的，因为每个人都可以运用直觉，而且直觉的对象也是普遍性的，因为事物可以被命名，可以被设想"[111]。

我开始用心去观察周围，分类、调查。天主教从过去支持奴隶制，支持歧视，随着时代的变迁，这些观念已经转变为现在的批判态度。可是，把一切问题都归结到人的尊严方面以后，偏见成了公开的。科学家们在犹豫很久之后，承认黑人也是人类；活体研究和试管研究都显示出黑人跟白人的构成是类似的；形体学和组织学也一样。理性在各个方面都胜利了。我又回到人类共同体。但是我还是失望了。

胜利在捉迷藏；跟我开玩笑。就像人说的，我来了她走了，她来了我走了。从观念方面看，大家都同意；黑人也是人类。

---

[110]《关于犹太人问题的思考》，pp. 146—147。
[111]《关于犹太人问题的思考》，pp. 149—150。

有些人半信半疑地说,确实,黑人的心脏也在左侧。可是,白人在某些问题上是不肯让步的。他绝对不要人种之间的亲密融合,他说:"不同人种的混合会降低人的体力和脑力水平……现在我们还不清楚人种混合的实际后果,所以要尽可能避免相隔较远的人种混合。"〔112〕

我会知道怎么做。从一个意义上说,如果需要给我定义,我会说我等等再说;我去问周围的人,我在大家说的基础上来总结,我变得敏感了。

别人开始评论我的时候,会强调食人族这个事情,让我别忘记这点。人家说我的染色体上有一些食人的基因。人家从染色体上不仅能看出性别因素,还能看出人种因素。太恐怖了,这种科学!

不过我理解这个"心理机制"。其实大家都知道的,这机制只是心理学上的。两个世纪以前,我就离开人类,成了永久的奴隶。后来有人来解救,说这不能再继续了。我顽强地活了下来;我从这个文明的大洪水中被解救出来。我进步了……

太晚了。一切都已经注定,已经找到,已经证明,已经使用。我的青筋暴起的手什么也得不到;宝藏已经枯竭。太晚了!但我还想弄懂。

似乎一直有人在抱怨生得太晚,该说的都说了,人们好像

---

〔112〕 J.-A. 莫恩(J.-A. Moein)"第二届优生学国际大会"(Congrès international d'eugénisme IIᵉ)发言稿,引自《种族与肤色偏见》,p. 14。

都在怀念过去。怀念的是奥托·兰克（Otto Rank）[113]所说的最初的失乐园吗？多少人似乎都停留在人类孕育之初，尽毕生之力去探索德尔斐神谕，或是寻找尤利西斯的旅行图！那些泛精神论者，想要证明动物灵魂的存在，提出如下论据：一条狗躺在主人的坟前，直到饥饿而死。保罗·雅内（Paul Janet）则证明，那条忠实的狗不同于人，它只是不可能给过去画上句号。阿尔托（Artaud）[114]说，人们总觉得古希腊很伟大，可是，今天的人如果无法理解埃斯库罗斯笔下的奠酒人，就说明是埃斯库罗斯错了。反犹主义者就是以传统的名义宣扬他们的"观点"的，以传统的名义、以历史的名义、以帕斯卡尔和笛卡尔子孙的名义，对犹太人说：社会中没有你们的位置。最近，我就在火车上听到这么一位纯法国人说："但愿真正的法国美德持续下去，这样才能挽救我们的人种！今天，我们必须全民团结。不要内斗了！应该一起面对外国人（他这时转向我），无论是什么人。"

老实说，这个人浑身是一股劣质红酒的味儿；他如果有那个文化水平，肯定会说我这个奴隶后代不配理解维庸或者丹纳。

羞耻！

---

[113] 奥托·兰克（1884—1939），奥地利心理学家，精神分析学家。——译者注
[114] 保罗·雅内（1823—1899），法国哲学家。阿尔托（1896—1948），法国戏剧理论家，作家。——译者注

犹太人和我：不满足于被困在人种论里，天赐良机的时候，我成为人。我与犹太人到了一条战线上，不幸的同伴。

羞耻！

表面看，反犹主义者跟憎黑者的态度不一样。我的哲学老师，安的列斯群岛人，曾经跟我说："如果你听到有人在骂犹太人，竖起耳朵听听，他骂的是你。"我开始认为他说的适用于各种情况，也就是说，在我的身体和灵魂中，我对我的同伴有责任。但从那以后，我明白他的意思是，反犹主义者一定也是憎黑者。

你们到得太晚了，真的太晚了。在你们和我们之间，总有一个世界，白人的世界……对方总是没办法给过去彻底画上句号。大家看出来了，在白人的这种情感僵化的情况下，我以黑人的嗓子呐喊了一声。渐渐地，我东吼西喊，分泌着人种的体液。这个人种歪歪扭扭地走着，不堪重负。什么重负？那是节奏！请听我们的诗人桑戈尔说：

> 这是最敏感的，非物质的东西。是最重要的生命元素。是艺术的首要条件，是艺术的表征，就像呼吸一样；根据生命的张力、情绪的状态和性质，呼吸会加快或减慢，会有节奏或变得不均匀。这就是纯粹的原始节奏，在黑人艺术精品中表现出来，尤其是在雕塑中。节奏由一个形式（雕塑的形式）产生，跟吸进呼出的形式相符，然后重新开始。

> 对称不会引起单调,节奏是活的,是自由的……这样,节奏会对我们身上非智识的方面发挥作用,强迫我们进入事物的精神世界;这种忘我的境界本身就是有节奏的。[115]

我读懂了吗?我一读再读。白人世界的另一边,一种神话般的黑人文化向我招手。黑人雕塑!我立刻骄傲得脸红了。这就是救赎?

我把世界看作理性的,而世界以肤色的名义把我排斥开。因为,从理性层面,这两者是不相符的,于是我投向非理性。看看白人是不是比我更非理性。为了达到目的,我用了倒退程序,但问题是这种程序是异国武器;可我是在自己的地盘;我用非理性建构自己;我在非理性中扑腾。满满的非理性。现在,听我唱!

> 他们没有发明火药,没有发明指南针
>
> 他们没有发明蒸汽和电力
>
> 他们没有航海没有航天
>
> 但他们体验了痛苦之地的各个角落
>
> 他们的旅行只是拔根

---

[115]《有色人种》(*L'Homme de couleur*)中桑戈尔(Senghor)的文章《黑人的贡献》(«Ce que l'homme noir apporte»), pp. 309—310。

>　　他们因跪倒而柔软
>
>　　他们被逼为奴仆，被灌输基督教
>
>　　他们被奸污，被混杂……

是的，他们都是我的兄弟，一种"坚实的兄弟情"把我们系在一起。我肯定了上述说法，但我想要别的东西。

>　　然而没有他们地球就不是地球
>
>　　没有善意的土地
>
>　　也没有荒漠
>
>　　不再是地球
>
>　　蕴藏着，成熟着
>
>　　地球上的一切
>
>　　我的黑色不是聋哑的石块
>
>　　它的沉默抵抗着白日的喧嚣
>
>　　我的黑色不是一片死水
>
>　　像地球坏死的眼睛
>
>　　我的黑色不是钟楼，不是教堂
>
>　　它深深插入土地红色的肉体
>
>　　它深深插入天空炽热的肉体
>
>　　以它正直的忍耐戳开厚重的阴霾。[116]

---

[116] 以上两段引文均出自《回乡札记》，pp. 77—78。

哎——呀！鼓点敲着宇宙的信息。只有黑人能够传播这种信息，弄懂其中的意义和影响。我骑在世界之上，我的鞋跟拍打着世界的两肋，我照亮了世界的沟壑，就像祭司照亮牺牲品的两眼之间。

但是他们全身心投入各种事物的本质之中，不认识表面，只被事物的运动所吸引。

> 不去驯化，只听从世界，是世界真正的长子
> 听得到世界的每一声喘息
> 是世界每一声喘息的友好港湾
> 是世界每一条河流没有渠道的河床
> 世界圣火的火星
> 世界肉体的肉体，跳动着世界的节奏！[117]

血液！血液！……出身！未来的晕眩！在白昼的混乱中，我被损害了大半，我感觉血液奔涌。世界的动脉，混乱的，剥离的，断根的，都向我扑来，给我播了种。

血液！血液！我们的血液被太阳雄壮的心脏感动。[118]

---

[117]《回乡札记》，p. 78。
[118]《回乡札记》，p. 79。

从创世纪到我之间的过程就是牺牲——我找到的不是我的来源，而是人类的起源。然而，需要警惕节奏，警惕地球与母亲的友好，这是群体和宇宙之间神秘的肉体结合。

在《黑非洲的性生活》这本材料丰富的书中，佩德拉尔（De Pédrals）认为在非洲，无论任何领域，都有某种魔法性的社会结构。他说："所有这些元素，我们也能在更大范围内研究秘密社会的时候观察到。比如说，那些在青春期被行了割礼的男性和女性，绝对不能把自己的经历讲述给外人，不然会被处死；还有，秘密社团培训新人的时候总是会引导他们实践神圣性爱，所以我们的结论是，男性和女性的割礼以及其他仪式都是小型秘密社团的存在基础。"[119]

我走在带刺的野花上面。水面威胁着我灼烧的灵魂。我小心翼翼地观察这些仪式。黑色的魔法！集体性爱，深夜集会，庆典，噼里啪啦。性交是呼唤神灵的机会。这是神圣的行为，纯粹的，绝对的，有利于施展隐形的魔力。怎么理解所有这些活动，这些培训，这些典礼？我处处看到此类舞蹈、此类说教的邪恶。我身旁有这样的歌声：

> 过去，我们的心灵灼热
> 现在，它们异常冰冷

---

[119] 佩德拉尔，《黑非洲的性生活》（*La vie sexuelle en Afrique noire*），1950，p. 83。

我们只想到爱

回到村庄

去寻找一支壮大的阳具

啊！我们会去做爱

因为我们的阴部干爽清洁[120]

地面，刚才还是平稳的，现在大笑起来。这些性饥渴的，都是处男处女吗？黑色魔法，原始思维，动物性，动物式色情，都向我袭来。这就是那些没有跟上人类进化的民族特征。或者说，这就是低等人类。行文到此，我不知如何继续了。星斗都显得充满敌意。我需要选择。可是，我没有选择……

是的，我们（黑人）是落后的，我们的表现是简单的，无拘束的。这是因为对我们来说，身体与你们所称的精神并不冲突。我们就在世界上。人类与地球的结合万岁！还有，我们的作家可以说服你们；你们的白人文明忽略了细腻而丰富的感性。请听：

情绪感性。情绪之于黑人正如理智之于古希腊人。喘息吹皱了水面？户外的灵魂被风击打，果实未熟已被风吹落？是的，从某个方面来看，今天的黑人有天赋而少作品。

---

[120] 维尔贾（Vergiat），《乌班吉河原始人的秘密典礼》（*Les rites secrets des primitifs de l'Oubangui*），1936，p. 113。

可是树木植根在地下。河流奔淌，河水深深，传送着珍贵的石块。美国非裔诗人朗斯顿·休格（Langston Hugues）歌唱道：

> 我见过河流
> 古老的深色的河流
> 我的灵魂变得深邃
> 正如深邃的河流

情绪的性质，黑人感性的这种性质，使黑人感受到眼前的物体带有某种本质的暴力，这也可以解释他面对这些物体会采取什么态度。就是说某种放弃态度成为他的需要，这其实是一种强烈的共鸣，甚至是认同的态度，因为这个行动是强烈的，我的意思是，因为物体的个性是强烈的。这是一种有节奏的态度，不要忘记这个词。[121]

这就给黑人正名了，"站在船舵前"，以直觉来引领世界，被重新找到的黑人，被重新拾起的黑人，被呼唤的黑人，被承认的黑人，他是黑人，但不是某一个黑人，是大写的黑人，摇动世界触角的黑人，站在世界前台，给世界喷洒他的诗情，"听得到世界的每一声喘息"。我与世界结合！我就是世界！白人从

---

[121]《黑人的贡献》，载于《有色人种》，p. 295。

来没弄懂这种魔力。白人要的是世界，要世界归他一个人。他发现自己是世界注定的主人。他让世界拜倒在他脚下。他与世界建立了一种归属关系。但是我有我认可的价值。我是魔法师，我从白人那里偷来"某个世界"，一个对他和他的同伴来说已经失去的世界。这一天，白人一定是感到了一种难以理解的震动，他从未体验过此类的感受。就是说，我在土地和橡胶树与香蕉树组成的客观世界之上，建立了一个奇妙的真正世界。世界的本质就是我的财富。我与世界的关系是共存的关系。我找回了那个最初的"统一"。我"会发声的双手"吞噬着世界狂躁的喉咙。白人感觉到我从他手中逃脱，还带走了某些东西，他很不舒服。他检查我的口袋。把我身上里里外外都搜了一遍。每个角落都搜遍了，我都习惯了。不过，很明显，我有个秘密。人家问讯我，我露出神秘的表情，转过头，我喃喃地说：

> 托克瓦里，我的叔叔，还记得从前的那些夜晚吗
> 当我的头沉沉的，靠住你厚重的背，
> 或是当你拉着我的手，在黑暗中指引着我
> 田野里满是亮晶晶的虫子，星星落在草地上，树梢上
> 周围静悄悄的
> 只有树丛的香气，红棕色的蜂窝，蟋蟀沙沙作响
> 远处传来鼓点，喘息
> 托克瓦里，你在倾听难以捕捉的声音，你告诉我，祖先就在静谧的星辰之下，给我们讲述

> 公牛，蝎子，金钱豹，大象，还有普通的鱼，
> 神灵的木屑汇成精神的银河，无穷无尽，
> 但月亮女神的智慧显现，黑暗的幕帐落下。
> 非洲的夜晚，黑色的夜，神秘清澈，漆黑闪亮。[122]

我是世界的诗人。白人发现了一种诗，毫无诗意。白人的灵魂腐朽了，就像一个在美国教书的朋友说的："在白人对面，黑人在某种意义上说是人类的保证。当白人感觉自己过于机械化的时候，他们转向有色人种，向他们索要一点人类的食物。"我终于被承认了，我不是虚无了。

但我很快会失望。白人停顿片刻，告诉我，从遗传学角度来讲，我代表着一个阶段："你们的品质已经让我们用尽了。我们曾经有过一些地球神秘学派，你们永远都想象不到的。你们研究一下我们的历史，就能明白这方面能做到哪种地步。"我于是感觉在轮回。我的独特性被骗走了。我哭了很长时间，然后我重新开始生活。可是，我依旧被一系列的咒语缠绕着：黑人天生的气味……黑人天生的简单……黑人天生的天真……

我曾经试着结伴逃走，但白人抓住了我，砍断了我的左腿。我找寻我的本质；的确，本质相当薄弱。于是我有了一个重大的发现。这个发现实际上是一次重新发现。

我头晕目眩，去搜寻黑人的古代遗迹。我的发现使我难

---

[122] 桑戈尔，《影子的歌》（*Chants d'ombre*），1945。

以呼吸。舍尔歇在他的《废除奴隶制》一书中提出的一些论据不容置疑。之后，弗洛贝纽斯（Frobenius），维斯特曼（Westermann），德拉福斯（Delafosse）（都是白人），齐声附和，他们说历史上的塞古（Ségou）、詹内（Djenné）都是十万人口以上的城市。他们还提到历史上曾经出过黑人神学博士，他们曾前往麦加研究《古兰经》。这一切被挖掘出来，展示出来，风干以后，让我找到某种历史的证据。白人搞错了，我不是原始人，也不是进化了一半的人，我属于的那个人种，两千年以前就会铸造金银。而且，还有另外一些白人无法理解的东西。请听：

几个世纪以来被人以空前绝后的野蛮手段从自己的家园、自己的神灵、自己的家族中撕扯出来的那些人是怎样的人？

他们温和，有礼，守规矩，比对面的打手高贵得多，而那些打手，就是在非洲烧杀抢掠的探险者。

他们善于建造房屋，管理国家，建设城市，种植田地，挖矿，纺织，铸铁。

他们的宗教美好，与城邦的建立者保持着神秘的联系。他们的风俗良善，提倡互相帮助，善意对人，尊老爱幼。

没有严厉管制，只有互助合作，生活的快乐、自由，遵守纪律。

井井有条——全心全意——诗意与自由。

从心平气和的普通人到奇妙的首领，形成了一条理解与信任的链条。没有科学？的确，然而他们的神话使他们远离恐惧，神话中充满最细致的观察和最大胆的想象。没有艺术？他们拥有美妙的雕刻，表现出含蓄的情感，遵循着节奏规律，捕捉到宇宙的最神秘的力量，又重新奉献给宇宙……[123]

……非洲深处有古建筑？有学校？有医院？20世纪没有一个布尔乔亚，没有一个叫杜朗、叫史密斯或是叫布朗的人，会相信在欧洲人到来之前的非洲会有这些东西……

可是舍尔歇根据卡耶（Caillé）、莫里恩（Mollien）及坎德尔（Cander）兄弟的发现写下了这些。尽管他没有写，当葡萄牙人于1498年登上刚果海岸的时候，他们发现了一个富裕繁荣的国度，昂巴斯宫廷的重要人物都穿着丝绸锦缎，但他说明了，非洲自身已经创建了国家司法体系，他在帝国鼎盛时期已然感觉到欧洲文明只是多种文明之一，而且远非最温和的。[124]

我教训白人；我给自己壮了胆，把他推开，冲他说：是您得配合我，我不会去配合任何人。我对着满天星斗大笑。白人，很明显地，生气了。他却迟迟不反应……我赢了。我激动不已。

---

[123] 参见塞泽尔为舍尔歇1948年的著作（*Esclavage et colonisation*）撰写的序言。
[124] 同上，p. 8。

——别提你们的历史了,别去找寻过去了,还是想办法跟上我们的步伐吧。在我们这样的社会中,极度工业化的社会,科学化的社会中,你们的感性没有用处。要想被接受,你需要硬起来。不要再跟世界玩游戏了,需要用积分和原子来制服世界。当然啦,人家告诉我,有时候,我们厌烦了摩天大厦,也会去找你们,就像去找孩子一样……未启蒙的,惊异的,自发的。我们走向你们,就像走回远古。你们是如此的真实,也就是说如此的爽朗。我们会暂时抛开我们程式化礼节性的文明,走向这些天真可爱的脸庞。从某种意义上说,是你们让我们与自己和解了。

如此一来,我是非理性的,人家是理性的。如果说我是理性的,人家就是"真正的理性"的。无论如何玩,我都是输家。这是遗传病。我对自己的病进行了全项检查。我本想做个典型的黑人,但这已不可能。我想做个白人,这只是个笑话。后来我试着从思想和知识层面提倡我的黑人性,人家又夺回去了。人家说我的方法只是辩证法中的一个阶段:

> 可是更严重的问题是:我们前面说了,黑人创造了一种反种族主义的种族主义。他不想征服世界,只想废除一切民族特权制度,无论是来自何处的;他与不同肤色的受压迫者团结起来。这样,黑人的主体性、存在性、民族性的概念都转移入(正如黑格尔所说)无产阶级的客体性,

实证性，和精确的概念中。桑戈尔说，对于塞泽尔，"白人"代表着资本，黑人代表着劳动……他歌唱同种的黑皮肤人的时候，赞颂的是全世界无产阶级的斗争。

这说起来容易，但思考起来很难。也许，如果说最为坚定的维护黑人性的斗士同时也是马克思主义者，这恐怕并非出于偶然。

但即便如此，人种的概念与阶级的概念还是无法重合的：前者是具体而个别的，后者是普遍而抽象的；前者属于理解的范畴（按照雅斯贝尔斯的理论），后者属于智识的范畴；前者是心理与生理的综合产物，后者是建立在经验之上的方法论建构。实际上，黑人性理论就像是辩证论述中的一个薄弱阶段：从理论和实践方面对白人至上的肯定是正面阐述；黑人性的观点是反面，作为否定阐述。可是否定阐述本身并不足以形成理论，秉持这一观点的黑人都很清楚；他们知道，这种阐述只是正反综合之前的一个步骤，或者说下一步是实现无种族社会的新人类。因此黑人性理论会自我摧毁，它是过渡期而非终点，是手段而非最终目标。[125]

我读到这一页的时候，觉得我的最后一线希望也被夺走了。我向我的朋友宣告："年轻一代的黑人诗人现在被狠狠地打击了

---

[125] 萨特，《黑色的俄耳甫斯》，p. xl 及其后。

一下。"他们去找了一个与有色人种友好的人，但这个朋友却只是指出他们的行动是相对的。这一次，这位天生的黑格尔派忘记了意识是需要先迷失在绝对的暗夜之中，才能达到自我意识的。他反对理性主义，强调否定一面，却忽略了这一点，那就是这种否定性的价值来自某种实实在在的绝对性。介入经验之中的意识不知道，也不应该知道其存在的本质与决定因素。

《黑色的俄耳甫斯》是对黑人存在进行智识化研究的一座里程碑。萨特的错误不仅在于想要追寻源头的源头，还在于从某个角度来说他使源头枯竭了：

> 诗歌的源头会不会枯竭？或者说，黑色的大河流入大海的时候会不会使海水变色？这不重要，每个时代有它的诗歌，在每个时代，历史的机缘会选择某个民族，某个人种，某个阶级，来接过火炬，创造只有诗歌才能书写的情景；有时候诗歌的激情与革命的激情不谋而合，有的时候它们分道扬镳。今天，让我们赞颂这个历史的巧合，使黑人能够"僵直地发出如此巨大的喊声，撼动世界的底座"（塞泽尔）。[126]

看看，不是我给自己创造了意义，而是意义已经存在了，先存在了，在等着我呢。不是我以坏黑人的苦痛，坏黑人的牙

---

[126] 萨特，《黑色的俄耳甫斯》，p. xl 及其后。

齿，坏黑人的饥饿来塑造火炬，烧掉这个世界，而是火炬已经在那里燃烧着，只是在等待历史时机。

从意识方面看，黑人的意识是高密度的，本身就是满的，这是出现裂痕前的一步，由欲望来废除自我前的一步。萨特在这篇文章中摧毁了黑人的热情。没有什么历史的未来演变，我们可以说历史是不可预见的。我需要投入到黑人性之中绝对地迷失自己。也许有一天，就在这种悲惨的浪漫主义之中……

无论如何，我早就需要无视这些。这种斗争，这种下地狱的情况早应该有一种完结的形态。听到这句话是最让人不舒服的："孩子，你会变的；我年轻时候，也跟你一样……你会明白，一切都会过去的。"

辩证法引入必然性作为我的自由的支撑点，这把我从我自身中驱赶出来。这使我从不思考的状态中摆脱出来。还是从意识的角度来看，黑人意识是自身内在的。我不是潜在的某个东西，我就是现在的我。我用不着去寻找普遍性。在我的内部，不存在任何可能性。我的黑人意识不是缺失的。它存在。它就是它自身。

可是，人家会说，你们这套肯定话语显示出你们对历史进程并不了解。请听：

> 非洲我保存着你的记忆
>
> 你就在我身上
>
> 好像伤口里扎的刺

好像村庄中心竖立的崇拜物

我成为你反抗用的石块

我的嘴成为你伤口的唇

我的膝成为你倒塌折断的柱子

然而

我只愿属于你们的人种

世界各国的工人农民

……底特律的白人工人和亚拉巴马的黑人劳工

深受资本主义折磨的无数民众

命运把我们连在一起

我们拒绝古老的血统咒语

我们抛开孤立无援的残垣断壁

如果急流是边界

我们会把河床连根拔起

如果山脉是边界

我们会把火山的颌骨折断

安第斯山脉会向我们点头

平原将迎来黎明

奴隶主狡猾地把我们分散

但我们必将团结起来

每个脸庞不一样的线条

都会显出和谐的神情

我们宣告苦痛的团结

> 反抗的团结
>
> 地球上所有的民族
>
> 用救世主的灰烬
>
> 我们要配制团结时代的砂浆[127]

我们要说的是，黑人的经验是模糊不清的，就是因为黑人不是一个，而是无数个。比方说，看看与这一首的区别有多大：

> 白人杀掉了我的父亲
>
> 因为我父亲很骄傲
>
> 白人奸污了我的母亲
>
> 因为我母亲很美丽
>
> 白人在烈日下让我哥哥弯腰
>
> 因为我哥哥很强壮
>
> 然后白人转向我
>
> 他的手血淋淋的
>
> 他把蔑视吐在我黑色的脸上
>
> 他以主人的声调说：
>
> "嘿，小子，准备牧羊犬，毛巾，还有水"
>
> ——大卫·迪奥普，《诗三首》，"牺牲者的时代"，1948

---

[127] 摘自海地诗人，共产党人雅克·卢曼（Jacques Roumain）的诗 "Bois d'ébène"，1945。

还有这首：

> 我的兄弟你牙齿亮闪闪的
> 人们在虚伪地恭维你
> 我的兄弟你戴着金色的眼镜
> 主人的话语把你的眼睛都变蓝了
> 我可怜的兄弟你穿着丝绸礼服
> 在高傲的厅堂中吹奏低吟高唱
>
> 你看着很可怜
> 你家乡的阳光已经变成阴影
> 你有了文明人的平和
> 可你祖母的小屋
> 她充满了屈辱和恨的脸庞
> 当音乐的词句停止
> 你把音箱扛在肩上
> 你会躲开非洲苦涩的红土地
> 你的步履忧伤你会唱
> 我是如此孤独，如此孤独！
>
> ——大卫·迪奥普，《诗三首》，"叛逆"

有的时候，我们不想继续了。把真实表现出来是很难的事情。当你一心想要表达实在的存在，怕的是只会发现不存在的东西。可以肯定的是，就在我试图把握我的本质存在的时候，萨特，依旧作为他者，他说出我的名字，使我消除了一切幻想。于是我对他说：

> 我的黑色不是钟楼，不是教堂
> 它深深插入土地红色的肉体
> 它深深插入天空炽热的肉体
> 以它正直的忍耐戳开厚重的阴霾……

就在我沉浸在经历与怒火之中不可自拔的时候，他说我的黑人性理论只是一个"薄弱阶段"。说实在的，说真的，我的肩膀从世界的结构中滑下来了，我的双脚也感觉不到地面的抚摸了。没有黑人的过去，没有黑人的未来，我没法再以黑人的方式存在。还没成为白人，却不再完全是黑人，我是被诅咒的人。萨特忘记了一点，那就是黑人感受到的身体痛苦与白人不一样。[128] 在白人与我之间，有一种难以疏解的超验关系。[129]

可是，他们忘了我的爱是持久不变的。我给自己定义为开放的绝对张力。我含着眼泪，捧着这个黑人性，重新组合其机制。原本被拆解的东西现在被我这双灵巧的手重建起来。

---

[128] 萨特有关他者存在的理论可以说是正确的（因为《存在与虚无》描写的是异化了的意识），但是对黑人意识来说无法适用。这是因为，白人不仅仅是他者，而且是主人，现实中的或是想象中的主人。

[129] 参见约翰·华尔（Jean Wahl），《人类生存与超验》（*Existence humaine et transcendance*），1944。

我的呼叫声更强烈了：我是黑人，我是黑人，我是黑人……而我可怜的兄弟，备受神经症的煎熬，发现自己已经瘫痪：

> 黑人：我不能，夫人。
> 丽瑟：什么？
> 黑人：我不能向白人开枪。
> 丽瑟：怎么会？他们可根本不犹豫，他们！
> 黑人：他们是白人，夫人。
> 丽瑟：那怎么了？因为他们是白人，就可以把你当成猪狗？
> 黑人：他们是白人。

自卑感？不是，是不存在的感觉。黑人觉得自己有罪，就像白人觉得自己有德。所有这些白人在一起，手里拿着枪，不可能有错。我就是有罪的。我不知道什么罪，但我知道自己是个罪人。

> 黑人：夫人，就是这样，跟白人总是这样。
> 丽瑟：你也觉得自己有罪？
> 黑人：是的，夫人。[130]

---

[130] 萨特剧作《毕恭毕敬的妓女》(*La Putain respectueuse*)，1947；也参见影片《我是黑人》(*Home of the brave*)，马克·罗宾逊（Mark Robson）导演，1949。

大个儿托马斯害怕，怕得不得了。他怕，但怕的是什么？怕他自己。别人还不知道他是谁，但他知道，一旦世界知道了，世界就会怕。而且，如果世界知道了，世界就总是等着黑人会出什么事。他害怕世界知道，害怕世界知道以后会害怕。就像这位老妇人，她跪下求我们把她绑在床上：

——医生，我觉得，我每时每刻都觉得这个东西在抓我。
——什么东西？
——自杀的欲望。把我绑住吧，我害怕。

最后，大个儿托马斯行动了。要结束这种紧张，他行动了，他就符合了世界对他的想象[131]。

这就是小说《死活都别让他跑了》(*If he hollers, let him go*, 1945)中的人物[132]，他总是去做自己本不想做的事情。那个肥胖的金发女人，随时出现挡住他的去路，不正常的，性感的，不计报酬的，随意的，害怕（又盼望）被强奸的，最终成为他的情妇。

黑人是白人手里的玩具；于是，他想终止这个恶性循环，

---

[131] 参见美国非裔作家理查德·赖特（Richard Wright）的小说《土生子》，(*Native Son*), 1940。
[132] 《死活都别让他跑了》，作者是美国非裔作家切斯特·海姆斯（Chester Himes）。

他要爆发。我每次去看电影都会遇到我自己。我在等待自己。电影中场时、开场前,我在等待自己。坐在我前面的人看着我,监视我,等着我。黑人侍者要出现了。我觉得恶心。

太平洋战争中致残的老兵对我的兄弟说:"你得适应你的肤色,好比我得适应我的断臂;咱们都是运气太差。"[133]

但是,我以我毕生之力,就是要拒绝这种残疾。我感到我的灵魂像世界一样宽广,像最深的河流一样深邃,我的胸膛有着无尽的能量。我是上天的礼物,而人们却让我像残废一样隐藏起来。昨天,我睁开眼睛看到世界,看到天空在翻滚。我想站起来,但空荡荡的寂静把我席卷,捆住了我的翅膀。我无能为力,就在虚无与无限之间,我大哭起来。

---

[133] 此句摘自影片《我是黑人》。

第六章　黑人与精神疾病

不同的精神分析学派都研究了在某些圈子某些区域出现的神经症反应。按照辩证法的要求，我们应该考虑一下，在何种条件下，弗洛伊德或者阿德勒的理论能够运用于阐释有色人种的世界观。

需要强调的是，精神分析学的目的是要理解某些行为，即在家庭这一特殊群体环境下的行为表现。如果神经症患者是成年人，分析师就要在患者目前的精神结构中，去寻找与儿童期的某些因素相似的成分，某种重复，或是家庭内部过去的某种冲突再现。无论是哪种情况，家庭都被当成"精神客体和精神条件"[134]。

然而，说到这里，所有的现象都会更为复杂。在欧洲，家庭代表的是给孩子展示世界的一种方式。家庭结构与国家结构之间的关系非常紧密。一个国家的军事化、权力集中化，都会自动地加强父权。在欧洲，在所有的所谓文明国家或输出文明

---

[134] 引自拉康，《情结，家庭心理的具体环节》（Lacan, «Le complexe, facteur concret de la psychologie familiale», *Encyclopédie française*, 8-40-5）。

的国家，家庭就是国家的缩影。孩子从家庭环境中出来，会找到同样的法律，同样的规则，同样的价值观。一个正常的孩子，在一个正常的家庭长大，会成为一个正常的人。[135]家庭生活与国家的生活是成比例的。反过来，如果一个社会是封闭的社会，也就是在没有受到外来文明影响的地方，我们也能找到上述结构。R. P. 特利尔（R. P. Trilles）的著作《非洲俾格米人的灵魂》（*L'âme du Pygmée d'afrique*）也证实了这一点；尽管我们从中每时每刻都可以感到让黑人信奉天主教的必要性，但是书中对文化的描写（文化模式、仪式的重要性、神话的流传）并没有《班图哲学》[136]那本书给人的虚假印象。

这两种情况都说明，家庭环境的特点会反映在社会圈子之中。的确，盗贼的孩子如果习惯于某种团伙规则，会很奇怪别人与他的表现不一样，但是如果给他重新受教育的机会［变态和智障除外，参见乔治·厄耶（Georges Heuyer）[137]］，就能够

---

[135] 我们希望不会有人对我们这句话产生误解。怀疑论者总是喜欢说："正常是什么意思？"我们暂时还不打算回答这个问题。如果有人急切地想知道，我们可以推荐一本知性性很强的书，不过该书是以生理学为基础的，那就是康吉莱姆（Canguilhem）的著作《正常与病态》（*Le Normal et le pathologique*）。我们可以补充一句：在智力方面，不正常是指询问、呼唤和请求的人。

[136] 比利时传教士唐佩尔斯（Placide Tempels）所著《班图哲学》（*La philosophie bantoue*），1945。——译者注

[137] 不过这个例外也是有争议的。参见布托尼埃女士（Juliette Boutonnier）的文章："变态难道不是由于儿童期的生活环境引起的某种深层的情感滞后？是不是至少可以说，个体本身的先天因素确实存在，但环境因素同样重要？"（*Revue française de psychanalyse*, n°13, 1949, 403—404）。乔治·厄耶（1884—1977），儿童精神病学专家。——译者注

改变他的世界观,让他融入社会。

我们发现,无论是哪种情况,症结都存在于家庭环境之中。"政府的权威对于个人来说,就是他从小所受的家庭权威的复制。个体会把他长大后遇到的各种权威理解为家长权威:他对当下的理解是建立在对过去的理解基础之上的。在权威面前的表现与其他的人类行为一样,都是学来的。这是在家庭中学会的,从心理学角度能够分辨家庭的组织方式,就是家庭如何分摊和执行权威的方式。"[138]

然而,这正是非常重要的一点,我们观察到有色人种的情况恰恰相反。一个正常的黑人孩子,在一个正常的家庭长大,一旦与白人世界接触,就会变得不正常。大家可能不会一下子理解这个观点。我们可以从头说起。弗洛伊德支持布勒尔(Breuer)医生的意见,他写道:"我们发现几乎所有的病例都一样,他们的症状就好像是某种残余,过去情感经验的残余,正是由于这个原因,后来我们把此类情感经验称为精神创伤。这些创伤的特殊之处就在于,它们与产生创伤的伤害情景非常类似。按照专门的术语,症状是由某些'情景'决定的,同时这些症状也组成了那些情景的记忆残余,并且这里不一定能够看到神经症造成的奇异难解的后果。然而,与我们预想的不

---

[138] 引自马尔库斯(Joachim Marcus)的文章《家庭结构与政治表现》[«Structure familiale et comportements politiques», *L'autorité dans la famille et dans l'Etat* (*Revue Française de Psychanalyse*, n°13, 1949, 277—313)]。

同,症状不是因某一个单独的事件引起的,多数情况下往往来自同类的重复发生的创伤。因此,我们需要把一整串的病理记忆按照时间顺序组合起来,但是要用倒叙的手法,最近的放在前面,最早的放在最后;如果我们跳过中间步骤,就根本无法达到最早的创伤,而最早的这一次是最有用的。"

这里的口气是非常肯定的;引起神经症的原因中,有一些经历(Erlebnis)[139]是已经被决定的。接着,弗洛伊德又说:"这个最早的创伤,病人已经把它驱赶到意识之外、记忆之外了,的确,表面上这些病人让自己避开了不少痛苦,然而被压抑的欲望依旧在无意识之中存在,会寻找机会表现出来,重新出现,但是会以另一种形式,难以辨认的形式出现;也就是说,被压抑的想法在意识中被另一种想法代替,一种代替品,而原本以为以压抑方式已经去除的各种不适感就会纷然而至,依附于这种新的想法之上。"这些经历被压抑到无意识之中。

如果是黑人,我们看到的是什么呢?荣格的集体无意识概念使我们头晕目眩,但是如果不运用它,我们就完全无法理解。殖民地国家每天都有悲剧发生。比如说,一个黑人学生到索邦大学学哲学,在周围还没有遇到冲突情景的情况下,他就十分小心,这怎么解释?勒内·梅尼尔(René Ménil)以黑格尔理论来阐释。他说这是因为"在奴隶意识中,原本是被压抑

---

[139] 作者此处使用了德文词"Erlebnis"。——译者注

的'非洲'精神,却被植入了主人权威的象征,这种象征已经深入集体意识之中,严密注视着他们,就像驻军在监管一座刚刚攻下的城市"[140]。

从我们有关黑格尔的章节中会看出,梅尼尔的看法很有道理。不过我们还是有疑问的:为什么这种情况到了20世纪依然存在,而且是在黑人把自己完全认同为白人的情况下?通常,趋向反常的黑人以前从来没有与白人有过接触。是不是在他的无意识中有过去的经历被压抑了?黑人小孩子是不是看到过自己的父辈被白人殴打或折磨?是不是有过真的伤害?我们对这几个问题的回答是否定的。那怎么办?

为了认真地回答上述问题,我们不能不使用集体情感净化这个概念。无论在什么样的社会中,在任何群体中,都有,肯定都有一种通道,一种出口,可以让表现为攻击性的各类能量积累得以释放。所有儿童机构设置的各类游戏,群体治疗方案中的悲情剧,还有从广义上讲的青少年画册刊物等,就有这种用途,每一种社会都很自然地需要某种形式的特定情感净化方法。人猿泰山的故事,十二岁探险家的故事,米老鼠,还有各类画报,都能给群体攻击性带来某种释放的功效。但这都是白人写的故事,给白人小孩看的。问题就出在这里。在安的列斯群岛,我们可以设想别的殖民地也一样,土著孩子读的都是同样的画报。狼、魔鬼、妖怪、恶魔、野人都是黑人或印第安人的模样,但读者总是站在

---

[140] 引自莱里斯的文章《马提尼克-瓜德罗普-海地》。

故事中的好人一边，黑人孩子跟白人孩子一样，自然也把自己当成探险家、冒险者、传教士，"冒着被凶恶的黑人吃掉的危险"。大家也许觉得这没有什么关系，那是因为人们不知道这些画报的作用。G. 莱格曼（G.Legman）这样说："除了极个别情况，1938年每个满六岁的美国孩子都已经吸收了至少一万八千张暴力血腥的图片……美国人是唯一现代的族群，波尔人除外，他们在自己安顿下来的地盘上曾经屠杀了所有原住民[141]。只有美国可能有一种良心不安，需要先是构建'坏印第安人'的神话来找到安慰，之后又发明了可敬的棕种人保卫家园，抵抗带着《圣经》和枪弹到来的侵略者的故事；我们应该接受惩罚，不能否认罪恶，把责任推卸到受害者身上；更不能，至少在我们看来，说我们先下手攻打是为了正当防卫……"作者观察这类画报对美国文化的影响，接着说："我们还不知道，这种对暴力和死亡的迷恋是不是代表了某种被禁止的性爱，或者说，这种对暴力与死亡的迷恋是不是填补了性爱禁忌的空白，是不是这样就可以疏解儿童与成人对经济和社会结构的不满，同时，就在他们完全知情的条件下，使他们变态。这两种假设中，变态的原因无论是性爱方面的还是经济方面的，都是本质性的；因此，如果我们无法对这些根本的压抑情绪下手，任何针对动漫画报等简单娱乐手段的攻击都是无效的。"[142]

---

[141] 顺便加一句，加勒比海的经历是相似的，探险家都来自西班牙和法国。
[142] 引自莱格曼文章《漫画的精神疾病》（«Psychopathologie des Comics», traduit par H. Robillot, *Temps Modernes*, nº 43), 1949, p. 916 及其后。

安的列斯群岛的黑人孩子，在学校里整天学到的都是"我们的祖先高卢人如何如何"[143]，他的身份认同是探险家，文明输出者，带着白人真理去教化野蛮人的白人。这里的认同，就是指黑人孩子主观地接受了一种白人的态度。他在英雄身上，白人英雄身上，寄托了他自身的攻击性，而这个年纪的攻击性往往具有牺牲色彩，是带有虐待倾向的牺牲。一个八岁的孩子要给予别人某个东西的时候，甚至是给大人的时候，他是忍受不了被拒绝的可能的。渐渐地，这个安的列斯孩子身上就出现某种态度，某种思维和观察习惯，基本上是白人的。如果在学校里，在白人的教材中，读到关于野蛮人的故事，他总会认为那是塞内加尔人。我们上小学的时候，就常常跟同学们长时间地讨论有关塞内加尔的野蛮人风俗。我们的言辞中透露出的无意识是非常矛盾的。这是因为安的列斯人不认为自己是黑人，而只是安的列斯人。黑人在非洲。主观上，思想上，安的列斯人的表现都是白人的表现。然而他是黑人。这一点，等他一旦到了欧洲就会发现，人家跟他说到黑人的时候，他就会明白他和塞内加尔人都是黑人。关于这一点，我们能得出什么结论呢？

给白人和黑人强加同样的"妖怪"是教育方面的严重错误。如果你也认为"妖怪"是把某个"东西"人格化的意思，你就

---

[143] 我们每次一说到马提尼克学校教育的这个特点，总会引得大家发笑。当然这事情有滑稽的一面，但人们并不去想其深远的影响。可这才是最重要的，因为正是这样三四个句子塑造了安的列斯孩子的世界观。

会理解我们的观点。从严格意义上，儿歌也有同样的问题。你现在明白我们的意图了，那就是应该给黑人创办专门的画报，黑人孩子应该有专门的儿歌，甚至，应该有专门的历史书，至少到小学毕业。因为我们认为，所有证据说明，精神创伤往往与这个年纪有关。安的列斯的孩子是每时每刻都要与白人同胞共存的法国人。这一点人们常常忘记。

白人家庭是有某种结构的。社会就是家庭的总和。家庭是一个机构，标志着其所属的更大机构，社会群体或国家群体。大的参照坐标都是一样的。白人家庭是为社会生活做准备和做培训的场所。"家庭结构是深藏在超我之中的，并且投射在人的政治表现（或者说社会表现）之中的。"（马尔库斯）

黑人如果待在自己家乡，他的命运基本上跟白人差不多。可是只要他去了欧洲，就必须重新思考自己的命运。因为黑人到了法兰西本土，虽然还在自己的国家，但感觉到自己与别人不一样。我们说过了：黑人觉得自己低贱。事实是别人觉得他低贱。安的列斯的孩子是每时每刻都要与白人同胞共存的法国人。但是安的列斯家庭却与国家结构，也就是说法国结构、欧洲结构几乎没有任何联系。安的列斯人必须在家庭和欧洲社会之间做选择；或者说，向社会高处走（白人的文明社会）的个人会排斥他的家庭（黑人的野蛮家庭），从意识想象的层面，就是排斥与前面描述的儿童期经历相关的想象。

这样，马尔库斯的图式就会变成：

家庭结构成为被排斥的"低处"。

黑人发现自己原来的很多想法,那些他按照白人的主观态度学来的东西,都不是真的。他开始真正的学习。现实显得充满阻力……但是,人们也许会说,你说的这都是普遍现象,男子汉的标准本来就是适应社会。我们要说,这个批评意见不对,因为我们已经描述了,黑人是需要面对一个神话的。一个根深蒂固的神话。黑人不知道这点,如果他在同类之间生活,就会一直不知道;但是碰到第一个白人的目光之后,他就感受到了黑色素的重量。[144]

之后,就有无意识的问题。种族悲剧在光天化日下上演,黑人都来不及把这个问题"无意识化"。白人呢,他从某种程度上可能能做到,也就是一种新的因素出现了:负罪感。而黑人的无论是高贵情结,还是自卑情结,或者平等情感都是有意识

---

[144] 这里可以重引萨特的话:"有的孩子,在六岁的时候,就向冲着他叫'小犹'的同学挥出了拳头。另外那些则一直不知道自己的种族。一个犹太教女孩,她家人我都认识,一直到十五岁都不知道犹太人一词的意思。德军占领期间,枫丹白露那一带有个犹太医生,从不出门,抚养着几个孙子,绝不提家里的出身。但是,不管怎么样,总有一天他们会知道真相:有时候是旁边的人带着微笑告诉他们的,有时候则是从流言蜚语甚至是辱骂中听到的。他们知道得越晚,被震动的程度就越大:因为他们突然发现别人知道他们不知道的关于自己的事情,而且人家把一个可疑的甚至有点吓人的词用在他们身上,而家里人从来不用这个词。"(萨特,《关于犹太人问题的思考》,pp.96—97)

的。这些情感随时穿过他们的身体。它们构成他们的悲剧。在他们身上，我们找不到那种典型神经症的情感失忆症状。

每当我们读到一部精神分析学专著，与老师讨论，与欧洲病人交谈之后，我们都很吃惊，发现有关的分析模式与黑人的真实病例无法相符。我们逐渐得出结论，认为从白人心理过渡到黑人心理的时候，辩证关系就变了。

查理·欧迪埃（Charles Odier）所说的最初值[145]对白人来说和对黑人来说是不一样的。融入社会的努力并不是来自同样的动机。实际上，我们在转换世界。严肃的课题应该是这样的：

——对黑人亲身经历的精神分析解读
——对黑人神话的精神分析解读

可是，现实，作为我们唯一的依靠，不允许我们这样做。事例太复杂了。什么样的事例呢？

黑人是一个容易引起恐惧和紧张的事物。从赛里厄（Sérieux）和卡普格拉斯（Capgras）[146]记述的女病人，到我们前面提到的那个认为与黑人发生性关系是非常恐怖的事情的女生，我们遇到了不同程度的恐惧症，我们称为恐黑症。关于黑人的问题，

---

[145] 引自查理·欧迪埃，《道德生活的意识源头和无意识源头》（*Les deux sources consciente et inconsciente de la vie morale*），1943。
[146] 摘自《说理的疯狂》（*Les Folies raisonnantes*），安杰罗·埃斯纳（Angelo Hesnard）在《错误的病态世界》（*L'univers morbide de la faute*, 1949, p. 97）中的引述。

我们也谈到了精神分析学。但是我们把此章命名为"黑人与精神疾病",就是不想简单地运用精神分析学[147],因为弗洛伊德,阿德勒,甚至是无所不通的荣格,他们都没有对黑人进行过研究。他们其实做得很对。我们经常忘记这一点,那就是神经症并不是人类现实的组成部分。无论人们愿意不愿意,俄狄浦斯情结不会出现在黑人身上。可能有人不同意我们的看法,马林诺斯基(Malinowski)说过,只有母系社会不会出现俄狄浦斯情结。可是,我们不知道,那些民族学家既然满脑子是他们的文明偏见情结,那么他们是不是在他们研究的民族之中也生硬地寻找自己文明的模仿版,不过,我们可以不费力地证明,在法属安的列斯群岛,97%的家庭是不可能产生俄狄浦斯型神经症的。我们对此非常高兴。[148]

除去一些封闭环境中出现的少数现象,我们可以说,安的列斯人中产生的所有神经症、不正常行为、情感亢奋等状态,都是文化环境的产物。也就是说,大量的数据和观点,通过文字、报刊、教育机构、教材、海报、电影、广播等不同渠道,

---

[147] 我们想到的是美国;可参见影片《我是黑人》。
[148] 精神分析师在这方面一般不同意我们的看法。比如说,拉康谈到俄狄浦斯情结的"多用性"。可是,即便小孩子需要弑父,还需要后者愿意去死。黑格尔曾说:"孩子的摇篮是父母的坟墓。"我们也想到尼古拉·卡拉斯(Nicolas Calas)的《火灾现场》;让·拉克罗瓦(Jean Lacroix)的《家庭的力量与弱点》。
法国战后道德信条坍塌,可能就是因为国家代表的这个法人失败了。我们知道在家庭层面出现此类创伤会产生怎样的影响。

深入个体思维，塑造了他所属的群体的世界观。[149]在安的列斯群岛，群体世界观就是白人的世界观，因为黑人的表达并不存在。马提尼克岛的民俗非常贫乏，法兰西堡的年轻人大多不知道儿歌《兔子伙伴》背后的故事，不知它与路易斯安那州的雷木斯大叔的关系。比方说，一个了解目前黑人诗歌创作的欧洲人，根本没法相信一直到1940年，安的列斯人完全没有黑人意识。是因为塞泽尔的出现，人们才看到产生了一种诉求，一种黑人性的主张。最具体的体现，就是那些来到巴黎求学的大学生的感受：只需几周的时间他们就明白，与欧洲的接触迫使他们必须思考几个问题，而之前他们从未想象过这些问题。但在现实中，这些问题很快显露出来。[150]

每当我们与教授们讨论，或是跟欧洲病人交流的时候，我们都能感到这两个世界的差异很大。前不久我们与一位多年在

---

[149] 我们建议对此表示怀疑的人来亲自体验一下：去安的列斯群岛的电影院看一场《人猿泰山》，然后在欧洲看一场。在安的列斯群岛，年轻人自动把自己当成泰山，跟黑人战斗。在欧洲就不一定，因为观众都是白人，自然而然地把泰山当成电影里的野蛮人。这样的体验很说明问题，黑人感觉到自己不可能安安稳稳地做黑人。一个关于非洲的纪录片，在法国本土上映，或在法兰西堡上映，取得的反响几乎是一样的。甚至我们可以肯定，桑人或者祖鲁人的图像会让安的列斯年轻人更乐不可支。这里很难看出他们的反应中是否会有某种认同的意思。在法国本土，看了这个纪录片的黑人会愤怒至极，在这里他逃不过去了，因为他既是安的列斯人，也是桑人，也是祖鲁人。

[150] 他们尤其会发现自己原来的自我衡量标准需要改变。我们观察到来法国的安的列斯人把旅程当作他塑造个性的最后一步。其实我们可以毫不犹豫地说，去法国的安的列斯人本想证实自己的白色，却发现了自己的真实面目。

法兰西堡工作的医生交谈，我们对他提出了我们的看法；他不仅同意，还补充说，这类差异不只是精神疾病方面的，在一般疾病方面更是如此。他说：那里的伤寒病症状从来没有与医学典籍里描写的完全一致的；总是伴随着或强或弱的疟疾。如果在那边能找到相关病例，其实可以对某个黑人患者的精神分裂症进行专门描述，这会是很有意义的事情。

我们的观点是什么？简单来说就是：当黑人与白人世界接触的时候，会出现某种行动刺激他的感觉。如果个体的心理结构较为脆弱，就会发生自我的坍塌。这个黑人就不再像一个有行为能力的个体。他的行动目标转向他者（即白人），因为只有他者可以体现他的价值。从伦理学角度看，这是为了自我升值。但是这还不是主要的。

刚才我们说黑人能引起恐惧症。恐惧症是什么？我们可以引述安杰罗·埃斯纳的最新专著："恐惧症是一种神经症，特征是对某个事物（即自身之外的东西），或是对某种情况表现出紧张和惧怕。"[151] 自然，这个事物是有某些特点的。埃斯纳说，这个事物会引起恐惧和厌恶。但是我们发现这里有一个难题。查理·欧迪埃把遗传学方法运用到恐惧症研究中，写道："各类紧张焦虑都来自因母亲不在场带来的不安全的主观感受。"[152] 他认为，这个现象会出现在出生后的第二年。

---

[151] 引自《错误的病态世界》，p. 37。
[152] 引自查理·欧迪埃，《焦虑与魔法思想》（*L'angoisse et la pensée magique*），1948，p. 38。

在恐惧症患者的心理结构方面，欧迪埃得出如下结论："在直接关注成年人的信仰之前，应该首先分析其源头，即儿童期心理结构的各个组成方面。"[153]这样，这个恐惧物的出现就是多方面早已决定的。这个物体不是来自虚无，它在某个特定情况下对主体产生了情感影响。恐惧症是这个情感影响在主体世界背景上的显示；是有组织的，有形状的。其实，那个物体是不需要确实存在的，只需要有那个影响，有那个可能性。这个物体的意图很坏，还有某种邪恶力量的各种特征。[154]在恐惧症患者身上，是情感做主导的，而理性思维不起作用。我们能观察到，恐惧症患者符合前理性逻辑的规律，也符合前情感逻辑的规律，也就是说他的思考和体验的方式都能表现出他出现精神创伤的年龄。那么前面所说的难题就是：前文提到的女生是不是经历过产生不安全感的创伤？在大部分恐黑症患者身上，有没有过被劫持的经历？被强奸的经历？我们在严谨地研究之后，可以得出如下分析结果：如果一个事物很恐怖，比如一个想象的行凶者，激起了恐惧（往往是女人的恐惧），一般来说，这往往是惧怕夹杂着性恐惧。"我怕男人"这句话，在我们厘清缘由之后，意思就是：因为他们会对我做各种事情，但不是一般的折磨，而是性蹂躏，也就是不道德的，侮辱性的行为。[155]

---

[153] 引自查理·欧迪埃，《焦虑与魔法思想》，p. 65。
[154] 《焦虑与魔法思想》，p. 58、p. 78。
[155] 《错误的病态世界》，p. 38。

"简单的接触就可能造成焦虑。因为接触同时也是典型的初步性行为（触摸，抚摸——性）。"[156]我们已经知道自我在保护自己的时候使用的各种假象，所以要避免对自我的各种否认过于追究。这不就是某一种纯粹的过渡主义吗？其实，这种对强奸的惧怕是不是在呼唤强奸呢？如果说有人是成天找抽的，是不是有的女人是成天找强奸的呢？在小说《死活都别让他跑了》之中，作者描述了这种反应机制。金发胖女人每次看到黑人走近她就会晕厥。可是她什么都不怕，因为工厂里都是白人……到最后，他俩发生性关系。

我们当兵的时候，曾经观察到舞会上几个欧洲国家的白人女子面对黑人的表现。多数时候，女人佯装要逃走，要躲开，脸上的神情确实是害怕的样子。不过，就算请她们跳舞的黑人有这些想法，肯定也不可能把她们怎么样。这些女人的表现可以从心理方面解释清楚。就是说恐黑症女患者实际上只是一个惧怕性关系的女人，而恐黑症男患者则是一个被压抑的同性恋者。

一谈到黑人，一切似乎都跟性器官有关。几年前，跟朋友讨论的时候，我们曾经提到，白人对待黑人一般来说类似一个大孩子看到新生的弟弟。后来，我们知道美国的理查德·斯代尔巴（Richard Sterba）也有这种看法。从现象学角度看，需要观察一下两重现实。人们怕犹太人，因为后者有敛财的潜力。

---

[156]《错误的病态世界》，p. 40

"他们"无处不在。银行，交易所，政府里到处都是。都说他们大权在握。都说不久他们就执掌国家了。都说各类考试都是他们领先于"真"法国人。不久咱们都得听他们的了。最近有个同学要考国家行政学院，他告诉我们："说啥也没用，他们都互相扶持。比方说，那会儿儒勒·莫克（Jules Moch）[157]当权的时候，不知提拔了多少老犹！"医疗领域也一样。凡是通过考试的犹太考生都是"走后门"的。而黑人呢，就是性能力强。想想看，他们那么自由，在丛林里！听说他们是在哪儿都睡，啥时候都睡。他们都是生殖器。他们的孩子多极了，都数不过来了。咱们小心点儿，不然满世界就到处都是小混血啦。

真是，情况很糟……

政府和行政机关已经被犹太人包了。

咱们的女人都被黑人拿下了。

因为黑人的性功能太强。就是这个词：这种功能特强。研究这个问题的精神分析师很快就能发现各种神经症的环节。性焦虑是主要因素。我们知道的所有恐黑症女患者都属于有性生活问题的。她们的丈夫不理睬她们；或者是寡居，不敢再嫁；或者是离婚的，对重新开始非常恐惧。她们把别人（丈夫，短期情人）没有的能力都假想到黑人身上。还有一个变态因素，是儿童期结构的存在：上帝才知道他们怎么做爱啊！肯定是可

---

[157] 儒勒·莫克（1893—1985），法国政治家，犹太人，曾多次担任部长级政府要员。——译者注

怕极了。[158]

还有一个词，不知怎么慢慢地有了色情意思，就是"黑人运动员"。一个年轻女人给我们讲过，这里很有一些令人作呕的东西。一个妓女告诉我们，开始，她一想到跟黑人睡觉就会产生性高潮。她就去找黑人，甚至不要钱。可是她说，"其实跟黑人睡并不比跟白人睡更刺激。实际上是性行为之前我达到高潮的。我想象他们可能做的：其实只要这点就可以了"。

还是在生殖器这个方面，厌恶黑人的白人是不是有某种阳痿的感觉，或是觉得自己性能力低下呢？因为人们都崇尚雄性，是不是把黑人看作阴茎的象征，就会产生降低自身的现象？迫害黑人，是不是一种性报复？我们知道各种酷刑，蹂躏，折磨都有性的因素。阅读几页萨德的书就能很容易发现这一点。黑人这方面的强度是真的吗？大家都知道不是真的。但这不重要。恐惧症患者的前逻辑思维认定就是这样。[159]还有一

---

[158] 我们在马尔库斯的文章中读到了这样的观点，他认为社会神经症，也可以称作面对任何他者的不正常表现，与个人的情况有着紧密的联系："调查问卷显示，最为反犹的个体都是成长于最有冲突性的家庭结构中的。他们的反犹主张是他们对自身在家庭环境中经受的失意和挫折的一种反向行为。为什么说反犹主义中的犹太人是某种替代品，就是因为同类的家庭环境会在不同的条件下，激起或是对黑人的憎恨，或是对天主教的憎恨，或者是反犹主义。因此，我们可以得出结论，与普通舆论所说的不同，是先有了这种态度，然后有了憎恨的内容，而并非是后者催生了这种态度。"（马尔库斯，《家庭结构与政治表现》，p. 282）

[159] 按照欧迪埃的看法，我们也可以说这是"类逻辑"（paralogique）的："如果出现倒退，我们可以叫它'类逻辑'，这是成人特有的一种现象。"（*L'angoisse et la pensée magique*，p. 95）

个女人自从读了小说《我唾弃你们的坟墓》[160]之后就开始恐黑。我们曾试图给她解释这种想法没道理,因为白人受害者与黑人受害者有着同样的病态。我们还告诉她,这本书不是黑人提出诉求的书,因为作者是鲍里斯·维昂(Boris Vian)。我们的努力全无效果。这个女人坚决不接受。读过这本书的人都可以很容易看出这种恐惧症的莫名其妙。我们认识一个医学院的黑人学生,他在妇科实习的时候根本不敢给病人做阴道检查。他后来告诉我们,他听到过一个病人说:"那边有个黑人。他要是碰我,我就扇他耳光。跟黑人我可不敢大意。他肯定是手很大,而且他的动作肯定粗鲁。"

如果想要从精神分析的角度了解人种状况,不是那种理论上的普遍状况,而是个体意识中感受到的状况,就必须重视与性有关的现象。对于犹太人,人们总是在想与钱有关的问题。对于黑人,就想到性。反犹主义可能会在房地产方面找理由。因为犹太人把地都占了,所以很危险。最近,一个朋友跟我们说,他不是反犹主义者,但他必须承认,他战争时期认识的大部分犹太人都很卑鄙。我们试着说服他,说他这个看法是既定思维在作怪,因为他是在犹太人的行为中寻找犹太人的本质。

在临床方面,我们想起这样一个触觉臆想的例子。一个年轻女人自从见过一个犹太教徒之后,就总是不停地洗手,洗胳膊。

---

[160] 法国作家鲍里斯·维昂的小说,讲述了一个混血青年为了给被白人折磨致死的哥哥复仇,走向谋杀的故事。——译者注

萨特非常精彩地论述了反犹主义问题，现在我们来看看恐黑症的问题。这种恐惧症是本能一级的反应，是生理反应。极端地说，我们可以认为，当黑人出现在白人的现象学视野中的那一刻，黑人的身体就妨碍着白人身体姿势的正常归位。我们对他者身体的猛然出现对主体身体的影响这一问题进行过探讨，但这里我们不打算阐述这方面的结论（设想一下，比如说一组四个十五岁男生，或多或少都是运动型的。跳高的时候，其中一个跳了1米48，是第一名。这时来了第五个男生，他跳了1米52，这就会使那四个男生的身体受到某种解构性的影响）。我们这里想说的就是，黑人的到来，使问题进入了生理学阶段。[161]

---

[161] 这里本来可以借鉴一下拉康理论中镜子阶段的概念，来思考白人孩子思维中对同类的想象在怎样的条件下就不会因为黑人的出现而被扰乱。当我们理解了拉康描述的这一机制以后，就会清楚地看出，白人的实实在在的他者，就是，依然是黑人。反之亦然。不过，对于白人来说，他者只在身体层面被感知为绝对的非我，无法识别的，无法吸收的。对于黑人，我们前面提过，历史因素和经济因素都有很大的影响。拉康说："主体在镜中识别自己的影像，在分析这一阶段的时候，这一现象有着两层意义：这一现象在出生六个月后出现，分析这一现象可以显示出主体所处环境的各种倾向；镜中的影像成为他所处现实的象征，一方面其情感价值像影像一样是虚幻的，另一方面其结构显示着人类的样子。"（*Encyclopédie française*，8-40，9 et 10）

我们了解这一发现的重大意义。每当主体看到自己的影像，向它致意，其实都是在向"他内在的智力单位"致敬。比如说在智力疾病中，如果考察幻觉妄想症或是释义妄想症的情况，我们会发现始终存在对自身影像的尊重。也就是说，在妄想症表现的各个阶段，某种结构和谐是存在的，个体与他经过的各种建构是完整的。我们当然可以把这种对自身的尊重作为情感内容，但是不重视这个问题显然是不科学的。每当出现虚妄的执念，就会有自我的再生。如果是在担忧或（转下页）

第六章 黑人与精神疾病

比方说,没有一个反犹主义者提到过阉割犹太人的主意。

(接上页)怀疑的时期,正如迪德(Dide)和吉洛(Guiraud)所描述的,他者才会现身。因此,黑人以羊男或是凶手的形象出现也就没什么奇怪的了。但发展到系统化的时期,逐渐建立了确定性,就没有外人的位置了。再发展到极端,我们甚至可以说,在某些妄想症中,黑人的话题如果不是占据中心位置的话,就会与某些诸如动物幻觉一类的现象一起出现。莱尔米特(Lhermitte)描述过身体影像脱离自身的情况。这就是临床上我们所说的自我观测错乱。莱尔米特说,这一现象出现得非常突然,令人不解。在正常人身上也会发生(如歌德、丹纳等)。我们可以肯定,安的列斯人的影像幻觉总是很中性。有些人告诉我们他们有过体验,我们经常向他们提出这个问题:那时你是什么颜色的?回答是:我没有颜色。更有趣的是,同样的反应也出现在半睡眠状态,特别是在作家乔治·杜阿梅尔(Georges Duhamel)笔下的人物萨拉文(Salavin)式的个体经验中重复出现。那个不是黑人的我在行动,在思考或是受到欢呼。

如果有读者对以上论述感兴趣,我们推荐他们读一些十岁到十四岁的安的列斯孩子用法文写的作文。题目是:"放假前的印象",他们写的内容跟巴黎孩子写的基本一样,我们可以概括为:"我喜欢假期,因为我可以在田野上奔跑,开学时我的脸将会红扑扑的。"大家可以看到我们前文所说的关于安的列斯人不知道自己是黑人的看法没有搞错。我们是大约十三岁的时候第一次见到几个塞内加尔人。我们知道 1914 年的老人这样讲述他们:"他们会用刺刀,如果不好用,就手持镰刀,迎着子弹往前冲……他们砍脑袋,割下来好多耳朵。"这些塞内加尔人是从圭亚那过来的,路过马提尼克。我们激动地满街去找他们的行踪,人家给我们讲过,他们戴着红毡帽,系着红腰带。我们的父亲曾经去讨好过两个,还把他们带回家来,全家人都激动不已。在学校里也一样:我们的数学老师,服役的时候是上尉,1914 年的时候还带过塞内加尔步兵连,他告诉我们,"碰到他们祷告的时候,谁也不能打搅,上尉不上尉都不管用。他们打仗的时候就是勇猛的狮子,但必须尊重他们的风俗"。我们听了都很兴奋。我们不必再觉得卡佩霞奇怪了,她梦里看到自己是白色的,或是粉色的,其实都可以说挺正常的。

不过大家也许会反对我们,说既然白人会给自己绘制同类的形象,那么安的列斯人那里也应该出现类似的现象,毕竟视觉就是这种绘制用的画布。那就说明大家忘了,安的列斯人的感知都是在想象层面的。人们对同类的感知是建立在白人基础上的。比如说,人们说某某人"特别黑";在一个家庭里,常常会听到母亲说"某某是我家孩子中最黑的一个",也就是说最不白的。这里我们要引用一个(转下页)

有要杀的，有要绝育的。对黑人呢，就要阉割。作为雄性象征的阴茎，要被消除，就是说他要被否认。大家可以看到这两种态度的区别。犹太人被伤害的是他的宗教属性，他的历史，他的民族，他与祖先和后代的关系；如果给犹太人绝育，就是要把根斩断；每杀害一个犹太人，似乎都是在通过杀他个人来杀害犹太民族。而对于黑人，要伤害的则是他的身体。折磨的就是他这个具体的人。他作为一个现实的存在，这就很危险。这里不是犹祸，而是对黑人的性能力的惧怕。马诺尼在《殖民地心理》一书中写道："世界各地都在引用的一个理由，也是所有的种族主义者都会对自己对立面的人说的话，是很能说明问题的，我们可以研究一下。种族主义者说，'什么？要是你家有女儿要出嫁，你会让一个黑人来娶她吗？'我看到过一些表面完全没有种族主义倾向的人，听到这类的质问，就无话可说了。

（接上页）欧洲女同学跟我们说过的一句话：从人性角度来看，这简直是愚弄人。我们重复一遍，所有的安的列斯人都是以白人的标准来看自己的同类的。那里跟法国本土一样，都流传着类似的话；在巴黎，人家说：他很黑，但是很聪明；在马提尼克，没有什么区别。大战的时候，有瓜德罗普的老师来马提尼克批改高中毕业考试的卷子，我们出于好奇心，竟然跑到人家住的旅馆里去看这位哲学老师 B 先生，不为别的，就是因为听说他肤色极黑；用马提尼克的话来说当然带点讽刺意味，说黑得"发青"。比方说某一家人名声很好："他们都很黑，但都是很好的人。"果然，这家有一位是钢琴老师，音乐学校毕业的，还有一位是女子中学的自然科学老师，等等。他家的父亲每天傍晚在他家露台上散步，但是人都说，一到天全黑，就看不到他了。人们还讲过另一家人，住在乡下，有时候晚上没电，家里的孩子就得大声说笑，别人才能知道他们在哪儿。每个星期一，穿着雪白制服的马提尼克公务员中，有些人就像是，按照当地人的话，"一碗牛奶里泡着一颗黑李子"。

这是因为这种问题引发了他们心理非常错乱的情感（就是乱伦情感），某种自我抵御反应，从而促使他们走向种族主义。"[162] 对此，我们可以提出如下意见：就算无意识中人会有乱伦倾向，为什么这种倾向偏偏会针对一个黑人才发生反应呢？从绝对意义上来说，一个黑人女婿与一个白人女婿有何区别？无论女婿是黑人或是白人，不都会有无意识倾向的浮现吗？为什么不去想一下，父亲之所以愤怒，是因为，比方说，黑人会把女儿带进一个他完全不了解不知情难以预料的性世界？

智识方面的任何进步都意味着性能力的下降。文明的白人对古代人的性崇拜、集体性爱场面、强奸不受惩罚、乱伦不受约束的时代有一种非理性的怀念。这些想象从某个角度来看，就是弗洛伊德所说的生命本能。白人把自身的意图投射到黑人身上，就认为黑人真的有这些意图。关于犹太人的情况比较清楚：人们不信任他，因为怕他夺取财产或是掌握权力。黑人只是被固定在生殖器方面；或者至少是被固定过。两个不同领域：前者是智识，后者是性。罗丹的思想者如果勃起了，会掀起轩然大波。因为谁也不可能到处都"硬"。黑人代表的是生理危险，犹太人代表的是智识危险。

惧怕黑人，是惧怕生理。因为黑人就只是生理的。也就是动物。是赤身裸体的。只有上帝知道……马诺尼还写道："人们在类人猿那里，在卡列班身上或是黑人身上，甚至是在犹太人

---

[162]《殖民地心理》，p. 109。

身上寻找神话中的羊男角色，这种需要在人类灵魂深处[163]，体现出思想混乱，而性冲动又与攻击性和暴力紧密联系在一起，成为力量的源头[164]。"作者把犹太人也包括进去了。我们不反对。但是这里的黑人是主人。黑人就是这个问题的专家：说强奸的事情肯定都跟黑人有关。

最近三四年中，我们调查了大约五百个白人：法国的，德国的，英国的，意大利的。我们采用了一种让人放心的口气，一种随意的态度，总之我们尽量使我们的受访者没有顾虑，不怕对我们敞开心扉，也就是相信我们不会生气。有时候，在做自由联想的时候，我们加了黑人一词。十分之六的答卷是这样的：

黑人＝生理的、性、有力气、运动型、强壮、拳击、乔·刘易斯、杰西·欧文、塞内加尔步兵、野蛮、动物、魔鬼、罪孽。

塞内加尔步兵一词给人的联想是：可怕、残忍、壮实、有力。

有趣的是，黑人一词，在2%的答卷里被联想到纳粹；思考一下纳粹所包含的情感意义，我们就看得出这个联想与前面的答案差别不大。需要说明的是，我们的欧洲同学帮助我们进行了调查，去采访了别的同学：他们得到的此类答案比例大幅上升。这里可以看出我们作为黑人的影响，就是说人家无意识地有所保留。

---

[163] 通过研究这几个清醒梦境提供的答案，我们可以看到这些神话人物，这些"原型"，是根深蒂固地存在于人类灵魂中的。每当个体挖掘到深处的时候，他就会碰到黑人，有时是具体的黑人，有时是象征意义上的黑人。

[164]《殖民地心理》，p. 109。

第六章 黑人与精神疾病

黑人象征着生理。因为首先，他们的性成熟九岁开始，十岁就能生孩子；他们生性热烈，血液浓度高；他们壮实。前不久一个白人对我们说，声音里还有点无奈："你们的性格倔强。"这个人种很好啊，看看那些步兵……打仗的时候，人家不都叫他们黑色魔鬼吗？……不过他们大概比较粗野……我可不想让他们的大手拍我的肩膀。我肯定得吓死。有的时候我们需要从反方面来理解，就可以明白这个细腻的女人：实际上，她看到的是那个强壮的黑人揉搓她柔弱的肩膀。萨特说，当你说出"年轻犹太人"这个词的时候，你脑子里已经出现诸如强奸、抢劫、盗窃的不好情景……同样，如果听到"漂亮黑人"这个词，你也可以联想类似的影射。我常常对人家从"漂亮的黑小伙子"到"小马驹"话题的过渡之快感到震惊。在电影《埃里特拉戴孝》[165]中，故事的主要部分都是围绕着性爱争夺的。欧林责备他姐姐欣赏艾慕尔岛上土著人的健美裸体。他不能容忍。[166]

---

[165] 根据奥尼尔剧本 Mourning Becomes Electra（1947）改编的同名电影。
[166] 首先这种情景的意思非常含混。欧林也嫉妒他姐姐的未婚夫。从精神分析角度来看，事情是这样发生的：欧林是一个放弃型的人，恋母，他无法将自己的力比多投射到某个客体身上。从他对待他的准未婚妻的方式就可以看出来。维妮是恋父的，告诉欧林说母亲背叛了父亲。但是我们不能搞错，她是以某种追责的意图来行事的（属于内省阶段）。欧林发现母亲背叛之后，把自己的情敌杀死了。母亲以自杀作为反应。欧林的力比多也需要以类似的方式释放，就转向维妮。维妮从行为上和外部表现上，都取代了母亲。电影拍得很妙，欧林就像是经历了俄狄浦斯的乱伦故事。这样我们就明白，在他姐姐宣布结婚的时候，欧林为什么悲伤愤怒。不过，在他与姐姐未婚夫的较量中，他遇到的是情感、感性；而在黑人面前，在美丽的土著人面前，冲突则处于生殖器、生理方面。

如何分析现实很不容易。研究者可以对他的研究课题有两种态度。要么，他满足于描述，就像解剖学家在描述胫骨的时候，如果有人问他本人腓骨前肌有多少凹陷处，他就会大惑不解。这是因为他的研究从来没有关注过他自己，总是在研究他人。我们刚开始学医的时候，曾经在解剖课上恶心难受，就向一个久经沙场的学长请教如何避免不舒服的经验。他非常简短地说："亲爱的朋友，你就想着是在解剖一只猫，然后就没事啦……"另一种呢，在描述了现实之后，他打算改变现实。其实从理论上来说，描述的意图往往与批评的想法联系在一起，也就是有一种超越现实的要求。正史与野史都记载了很多黑人的故事，谁也不可能忽略。但如果只是把所有的故事聚合在一起，我们也无法真正找到并指出其中的线索。对于我们来说，最重要的不是积累事实，叠加各类行为，而是拎出它们的意义。我们在这一点上可以引述雅斯贝尔斯的观点："深入理解某个个别情况常常能够，从现象学角度，让我们把它再广泛运用到无数情况中去。我们发现了一次的东西，很快就会再次碰到。现象学上最重要的，不是去研究无数情况，而是从直觉上和深层次去理解几种特殊情况。"[167] 我们的问题就是，白人能否以健康的方式面对黑人，黑人能否以健康的方式面对白人？

有的人会说，这是个假问题。可如果我们说，欧洲文化拥

---

[167] 引自雅斯贝尔斯著《普通精神病学》法文译本（*Psychopathologie générale*, traduction Kastler et Mendousse），1933，p. 49。

第六章 黑人与精神疾病

有一个黑人想象,这正是各种冲突的起源,我们并没有超越现实。我们在前面关于语言的章节已经说明,银幕上的黑人完全是按照这个想象塑造的。连那些最严肃的作家都沉浸于这种想象。米歇尔·库尔诺(Michel Cournot)这样写道:

> 黑人的剑是剑。当他把你妻子递给他儿子的时候,她会有所感觉。这是个新发现。在他们留下的深坑里,你的小坠子不见了。你拼命地搏击,你的房间也风雨飘摇,你好像在唱歌。我们说再见了……四个黑人,赤着身,会把教堂充满。他们得等到一切正常后才能出来;这种等待并不是闲适的等待。

> 他们如果不想被困在这里,还可以走出户外。然而激烈的战斗等着他们:棕榈树,面包树,还有很多骄傲的存在,永久地高耸着,在高不可及的地方,绝不会为一个帝国而屈服。[168]

我们把这一段读了十几遍以后,开始自由联想,就是说让图像任意浮动,进而就会发现黑人不见了,只看见一个器官,器官遮住了黑人。黑人就是器官,他就是阴茎。可以想象,这样的图像会给一个年轻的里昂女生什么样的印象。恐怖?

---

[168] 库尔诺诗集《马提尼克》(*Martinique*),Gallimard,1949,pp. 13—14。

欲望？总之不会是什么都没有。可是真相是什么呢？帕莱斯（Palès）医生说，非洲黑人的阴茎平均长度很少超过一百二十毫米。泰斯图特（Testut）在《人类解剖学法则》中指出的欧洲人的相关数据是相同的。然而此类数据却说服不了任何人。白人深信黑人就是动物；即便不算阴茎的长度，性能力的强度肯定存在。面对这个"异者"，他需要自卫。就是要把他者特性化。他者要成为他各种忧虑和欲望的依托。[169]我们前文提到的妓女告诉我们，她之所以对黑人感兴趣，最开始是因为听了这么一个故事：一个女人有一次跟一个黑人睡觉后，疯了。整整两年处于疯癫状态，但治好以后却拒绝跟任何别的男人睡觉。她并不知道这个女人是为什么疯的。但是，她拼命地想制造出

---

[169] 有的作者曾从偏见（即预设观点）入手来解释白人为什么不了解黑人的性生活。所以佩德拉尔（Pédrals）以下这段文字尽管说的是真实情况，还是忽略了白人"观点"的深层原因："黑人孩子看到与生殖有关的情景既不会感到惊讶也不会觉得羞耻，因为人家给他展示他应该知道的事情。很明显，不需要进行复杂的精神分析就可以理解，这种情况一定会对思考方式和行为方式产生影响。他看到的性行为是最自然的事情，甚至是最值得做的，因为目的很重要：繁殖。非洲人一生中会一直牢记这个概念，而欧洲人一生中则无意识地保留着一种负罪情结，理性和经历都无法完全去除它。因此，非洲人天生就认为性生活是他生理上的一部分，就像吃饭、喝水和睡觉一样……我们可以想象，拥有这种观念的人不理解欧洲精神上一直在训练如何回避这个问题，在训练如何修正自己的扭曲意识以及他们不稳定的理性和被破坏的本能。因此这种区别不是本性的区别，不是结构的区别，而是观念的区别。也是因此，生殖本能在我们的文学中有一种特殊的光环，是我们生活中的决定因素，但是在非洲人的实际生活中并不如此，并非如众多观察家所说的，其实这些观察家只是以分析自身的方法来解释他们看到的现象。"佩德拉尔，《黑非洲的性生活》(*La vie sexuelle en Afrique noire*)，pp. 28—29。

同样的场景，找到这个神话的秘诀。我们应该理解她的意图是实现一种断裂，就是在性方面与她的自身分离。她与黑人的试验证实这个想法难以实现。她达不到那种高潮妄想。她无法接受这个现实，于是报复式地投入各类想象。

这方面我们还可以提一个事实：一个与黑人睡过的白人女子很难再接受白人情人。至少我们在不少男人那里听到这种说法："谁知道他们是怎么搞的啊？"是啊，谁知道？他们肯定不知道。这里我们必须引述艾田伯的一句话："种族间的嫉妒激发种族主义犯罪：因为对于很多白人来说，黑人就是那支美妙的箭，把他们的女人钉在那里，把女人彻底改变了。我们的统计资料根本没有这方面的材料。但我认识很多黑人。还有很多见识过黑人的白人女子。还有很多见识过白人的黑人女子。我记录了足够多的个人经历来反驳库尔诺先生，遗憾的是他把他的才华滥用在编造这个故事上，他故事里的白人总是有这样一个冠冕堂皇的理由。就是这样难以启齿、难以置信的理由，却双倍地吸引人注意。"[170]

整理事实更是庞大的工程。我们收集材料，点评，但是每写一行，每提出一个看法，我们都觉得没写完。加布里埃·达尔布西埃（Gabriel d'Arbousier）驳斥萨特时写道："很遗憾，这部诗歌选编把安的列斯群岛、圭亚那、塞内加尔、马达加斯

---

[170] 艾田伯,《评库尔诺所著〈马提尼克岛〉》(«Sur le Martinique de Michel Cournot»), *Les Temps Modernes*, février 1950。

加各处的人都放在一起,造成很大的混淆。因为这就把这些海外地区的文化问题从每个国家的历史和社会环境,从各国特性,从帝国主义的剥削和压迫的不同条件中剥离出来了。当萨特写下'黑人深入了解自己的黑奴历史之后,承认痛苦是人类的命运,但并不因此就是他们应得的'时,他能否理解这对霍瓦人、摩尔人、图阿雷格人、富拉尼人或是刚果或科特迪瓦的班图人都意味着什么?"[171]

他的反驳不无道理。这对我们也是批评。开始我们确实只想把课题限制在安的列斯群岛范围之内。但是辩证法一步步占了上风,我们不得不承认安的列斯人首先是黑人。但是我们不会忽略有的黑人是比利时人,法国人或者是英国人;同时也有完全是黑人的共和国。把这些事实都考虑进去以后,怎么找得出一种本质呢?真相是,黑人是分散的,已经没有一致性了。当墨索里尼攻占埃塞俄比亚的时候,有色人种中出现一种团结呼声。不过,当美国派出了一两架飞机来支援被侵略国时,并没有黑人做出什么行动。黑人或是拥有一个祖国,或是属于一个联盟或联邦。任何描述都应该是现象的描述,可我们面对着无尽的可能。黑人的普遍情况并不清晰,只有具体的存在才能观察。这里的问题与犹太人有某种类似。为了排除以上障碍,我们只需重申一个明显的事实:无论他在哪里,黑人还是黑人。

---

[171] 加布里埃·达尔布西埃,《危险的神话:黑人性理论》(«Une dangereuse mystification: la théorie de la négritude»), *La Nouvelle Critique*, juin 1949。

在某些国家，黑人已进入文化之中。我们前文已经说明，这里不打算对白人孩子如何了解黑人现实的问题进一步阐述。比如在美国，年轻的白人即使不住在南方，看不到具体的黑人，也都知道雷木斯大叔的故事。在法国，人们都知道《汤姆叔叔的小屋》。萨丽女士和约翰·马尔斯的孩子听兔子拉比的故事，心里既有恐惧也有崇敬。贝尔纳·沃尔夫（Bernard Wolfe）把白人的这种双重心理看成美国白人心理的主要特征。以乔尔·钱德勒·哈里斯的个人生平入手，他甚至认为这种崇敬心情从某种程度表现了白人对黑人的一种认同。我们知道这些故事都表现了什么。兔子兄弟跟所有的动物都争斗，但每次都自然而然地获胜。这些故事属于种植园里黑人的口头传说。我们在兔子讲故事时充满讽刺和怀疑的口气中也很容易就能看出黑人的影子。白人有一种无意识的自虐倾向，也就是要在（黑）兔子面前倾倒的倾向，白人需要抵制自己的自虐倾向，就试图从这些故事里把自己的攻击可能性全部删除。因此他们认为"黑人把动物看成比人类更低等的生物，是黑人自己可以理解的一等。黑人自然而然地感觉与'低等动物'更接近，而觉得白人比他高了好几等，无法接近"。还有一些人认为，这些故事其实与美国黑人境况没有什么联系，只是非洲流传下来的故事。沃尔夫告诉我们："很显然，兔子兄弟是动物，因为黑人应该是动物；兔子是外国人，因为黑人应该从里到外打上外国人的标签。从奴隶制初期开始，作为奴隶主的美国南方人，由于怀着某种基督教民主负罪感，把黑人定义为一种动物，一种无法驯服的非洲人,'非洲'基因已固定在原生质中。黑人之所以被圈在人类边缘,不是美国的错,而是因为他们的丛林祖先从结构方面就是低等的。"因此,南方人拒绝在这些故事里读出黑人讲述的暴力。但是沃尔夫说道,把故事编写出来的哈里斯精神失常:"他编得得心应手,因为他被各种种族强迫症所困扰,再加上美国南方的种族问题,以及白人美国整体上的种族问题……实际上,对于哈里斯和很多美国白人来说,黑人从各种角度来看都是他焦虑自我的反面:无忧无虑、开朗、善谈、身体放松、无烦恼,或者被动、可以无羞耻地展示自己,痛苦时不会自怨自艾,无拘无束……"但是哈里斯一直感觉自己是瘫痪的。所以沃尔夫认为他精神抑郁,不过并非一般的抑郁:本质上他无法以黑人的"自然"方式存在。不是别人不允许,只是不可能。没有禁止,但是无法实现。这是因为白人觉得自己被黑人困扰,就也去困扰黑人,用各种禁止规定来限制他。还有,白人也被无意识所控制。再听听沃尔夫的:"雷木斯的故事是南方复杂性的象征。哈里斯是南方的原型,他想得到黑人的爱,以为自己得到了(雷木斯的微笑)。可是他同时也在激起黑人(兔子兄弟)的恨,并以此为乐,处在一种无意识的自虐乐趣中,因此也许可以惩罚自己不是黑人,不是典型黑人,不是那个天生的'奉献者'。是不是白人的南方,甚至美国的大部分地方,都经常以这种方式对待黑人?"

存在一种对黑人的追逐,对黑人的需要。人们不能没有黑人,要求他存在,但是要以某种特别的配方存在。可惜的是黑人摧毁了系统，违反了规定。白人会造反吗？不会，他会适应。沃尔夫认为，这就说明为什么很多关于种族问题的书都成了畅销书。[172]"当然，没有谁非要让人去看黑人与白人女子做爱的故事（例如 *Deep are the roots*，*Strange fruit*，*Uncle Remus*），或者白人发现自己是黑人的故事（例如 *Kingsblood royal*，*Lost boundary*，*Uncle Remus*），又或白人被黑人掐死的故事（例如 *Native son*，*If he hollers*，*let him go*，*Uncle Remus*）。我们可以把黑人的微笑进行包装，在通俗文化中大规模地展示，就像是给自虐倾向披上的大衣：好像抚摸可以把打击变成甜蜜的。正如雷木斯大叔体现的，这里的种族游戏大部分都是无意识的。白人在被脸谱化的微笑感动的时候，没有意识到自己的自虐倾向，黑人在把脸谱微笑当作文化大棒的时候，也没有意识到自己的虐待倾向。相比之下，白人大概更无意识。"[173]

在美国，我们看到了，即便在黑人编的故事中，他都可能使用他的暴力；白人的无意识给他使用暴力的理由，甚至抬高了这种暴力，把暴力推向他，以此来建构典型的自虐机制。[174]

现在我们可以综合一下。对于大多数白人来说，黑人代表

---

[172] 近十年来的黑人电影也很多，不过，影片的制片人全都是白人。
[173] 引自贝尔纳·沃尔夫文章《雷木斯大叔和他的兔子》。
[174] 在美国，一旦出现解放黑人的诉求，就会经常听到这句话：黑人如果解放了，就会马上扑向我们的女人。由于白人对黑人的态度是侮辱的态度，所以他明白如果他是黑人，肯定会毫不留情地对待压迫者。因此我们就可以理解为什么有时白人会把自己认同为黑人：比如白人爵士乐手、布鲁斯歌手、黑人灵歌演唱者，以及为什么白人作家写的小说会由黑人主角倾诉衷肠，又或白人脸上涂黑。

了性本能（未经教育的）。黑人象征着生殖力，位于道德与约束之上。白人女子，仅凭归纳，就常常会透过一个无形的门户瞥见黑人在安息日或是酒神节的国度，获得幻觉般的性感受……我们已经指出真实情况证明所有这些说法都毫无根据。它们都是想象的产物，或者说是一种类逻辑的产物。认为黑人有邪恶影响的这个白人在智识方面退化了，因为我们看到他的认知水平是八岁孩子的水平（读画报等）。是不是同时他也有性发育方面的退化，停滞于生殖前期？自我阉割（黑人被当作一个可怕的性器官）？并由于承认黑人在性能力方面的优势而变得被动？这里出现很多新问题需要思考。比如说，有些人甚至到妓院里去让黑人鞭打；也有被动式同性恋者，只找黑人伙伴。

另一个解释是，首先有针对黑人的虐待暴力，然后因为这个国家的民主文化对此类行为进行惩罚而出现了某种负罪情结。黑人是这种虐待的承受者，因而出现白人自虐倾向。可是，人家会对我们说，您这种解释不对，您这里没有自虐倾向的一般元素。也许，这种情况的确不是一般的。但无论如何，这是唯一能够解释白人自虐倾向的方法。

从新发现的角度，我们希望大胆地对"黑人强奸"的妄想症提出一种新的解释。埃莱娜·德伊芝（Hélène Deutsch）[175]和玛丽·波拿巴特（Marie Bonaparte）[176]两位女士发展了弗洛伊

---

[175]《女性心理学》(*Psychology of women*), New York, 1944。
[176]《女性的性心理》(«De la sexualité de la femme»), *Revue française de Psychanalyse*, avril-juin 1949。

德关于女性性心理的理论,她们的研究指出,女性的性感觉先是阴蒂阶段,接着是阴蒂加阴道阶段,然后是纯粹阴道阶段,这个过程中或多或少地保持着被动性欲和攻击性,走出俄狄浦斯双重情结后,女性在生理与心理发育两方面完成了一种神经精神系统的融合,演绎自身的角色。然而,我们需要了解某些失败的案例,或者是无法完成这一过程的情况。

阴蒂阶段对应着一种主动性俄狄浦斯情结,不过波拿巴特认为主动性与被动性并非前后连接,而是同时存在的。男孩的攻击性可以是无性的,但女孩则很难。[177]阴蒂被当成缩小的阴茎,但是在超越现实的过程中,女孩只记得质量。她对真实的认识是建立在质量上的。她与小男孩一样,也对母亲怀有冲动;她也想穿破母亲的腹部。

然而,我们想知道,就在彻底完成女性成长的同时,儿童期这一妄想是否还依然存在。"如果一个女性对男性的鲁莽过于排斥,可能是某种男性抗争和过度的双性倾向的表示。这样的女性可能是阴蒂型女性。"[178]这是我们的想法。小女孩先是看到一个小男孩被父亲打,父亲是力比多攻击型。在女孩这一阶段(五岁到九岁),父亲占据她的力比多极点,在某种意义上不愿意表现出小女孩无意识中想象的那种攻击性。这时候,她想象中的攻击性释放出来,就没有依托,所以需要某种投入。

---

[177]《女性的性心理》。
[178]《女性的性心理》,p. 180。

因为这个年龄的孩子进入民俗活动，进入文化，以我们所了解的方式，黑人就成了这种攻击性自然的出气筒。如果我们再深入一点，就会发现：当一个女人出现被黑人强奸的臆想，这实际上是实现了一个私下的梦，一个隐秘的愿望。她制造了一个反对自我的现象，其实是强奸自我。这一点还有一个确凿证据就是，不少女人在性交时会对性伙伴说："整得疼一些。"她们的意思就是：整得疼一点，就像如果是我，就会把自己弄得很痛。被黑人强奸的臆想其实相当于这种想象："我希望黑人穿破我的肚子，就像我穿破一个女人的肚子。"如果人家接受我们关于白人女子性心理的分析结果，然后来问我们关于有色人种女人的观点，我们不知道。但我们至少可以推测，对于很多安的列斯女人来说，我们可以称为"准白女人"的那些，来侵犯的会是一个塞内加尔人的典型形象，不管怎么说反正是一个（感觉上）更低等的人。

黑人是生殖器。整个的故事是不是就在这里了？可惜不是。黑人也是别的东西。这里我们又可以提到犹太人。性方面尽管不一样，但还是有个共同点。我们都象征了恶。黑人更甚一些，就因为他是黑的。难道我们的话语里不都是这么比喻吗：司法清白，真理清白，圣母清白？我们见过一个安的列斯人，他这样说另一个人："他身体是黑的，语言是黑的，灵魂肯定也是黑的。"这种逻辑，白人每天都在使用。黑人就象征着恶与丑。

亨利·巴鲁克（Henri Baruk）先生在最新出版的《精神病

学探寻》[179]一书中，描述了被他称为反犹神经错乱的表现。

> 我们的一个病人，他臆妄中的粗野和下流已经超出了法语可能表达的范围，展示出某些明显的同性恋影射[180]，病人把隐秘的耻辱感转换为对犹太人替罪羊的发泄，呼唤屠杀犹太人。另一个病人的幻觉症状很重，是1940年战事引发的，常出现突发性的反犹臆想，有一次竟是在一个旅馆里怀疑隔壁房客是犹太人，就在夜里闯进隔壁房间打昏了那个人……

> 还有一个病人，身体素质较弱，有慢性肠炎，因身体不好被耻笑，后来认为自己的病是由于之前治疗他的医院护士给他用"细菌汤"下了毒，他说，那些护士都是反教权的共党，这么做是为了惩罚他这个天主教教徒。转到我们医院以后，逃开了那帮"工会运动人士"，但他觉得自己离了虎穴又进了狼窝，因为栽到了一个犹太人手里。那个犹太人不可

---

[179] 引自《精神病学探寻》（*Précis de psychiatrie*），1950，p. 371。
[180] 值得一提的是，我们一直没有发现马提尼克有同性恋者明显存在。这可以被看作安的列斯没有俄狄浦斯的结果。我们了解同性恋的解析。不过马提尼克存在着人们称为"打扮成女人的男人"或者是"长舌妇"的人。他们通常穿着外套和长裙。但是我们还是认为他们的性生活是正常的。他们跟别的男人一样喝酒，对女人也感兴趣，即便是卖鱼或卖菜的女人。不过我们在欧洲发现有几个安的列斯同学成了同性恋，而且都是被动的一方。但这都不是神经症同性恋，只不过是因为遇到某些情况的随机行为，就像另一些人成了老鸨。

能是别的，从定义上说，他就肯定是个强盗，魔鬼，十恶不赦的人。

这个犹太人，面对这种不断升级的攻击，必须采取行动。萨特就描述了这一为难境地。《关于犹太人问题的思考》中有些段落的精彩是我们过去从未读到的。我们认为精彩，正是因为书中提出的问题就是使我们最为震撼的问题。[181]

犹太人，无论是典型的还是不典型的，都会倒在"混蛋"的拳下。无论他怎么做，都会招来对自己的攻击。因为本来犹太人各个都是不一样的，他可能会忘记自己的犹太性，或是掩盖起来，或是不承认。这就说明他承认雅利安人那套理论是对的。有善有恶。恶是犹太人。只要是犹太的就是丑的。别当犹太人了。我不是犹太人了。打倒犹太人。有时候他们甚至是最

---

[181] 我们最欣赏的是这一段："这个人就是这样的，他被追捕，被迫因不存在的问题和错误的境况而成为靶子，被周围的凶残世界剥夺了形而上的意义，被逼着采取一种绝望理性主义。他的生命就是不停的逃避，逃避他人，逃避自己，人家连他自己的身体也异化了，人家把他的情感生活一切两半，人家逼他在一个抛弃他的世界追寻普世博爱的无望的梦。究竟是谁的错？是我们的眼睛投给了他无法接受的画面，而他本来是不想看的。是我们的言语和动作，我们一切言语和一切动作，我们的反犹主义，但也还有我们傲慢的自由主义，这都把他毒害到了骨髓；是我们强迫他成为犹太人，他要么不承认，要么强调犹太性，我们让他不得不去说自己是真还是假的……这一类人，他们比任何人都更有人性，因为他们是由人类内部的后发反应而产生的，他们是被羞辱，被拔根的精华，从一开始就只有被排斥或是去牺牲的命运。从这方面说，我们之中没有一个不是罪人，甚至没有一个不是罪犯；纳粹倾倒出来的犹太血液洒在我们每个人头上。"(《精神病学探寻》，pp. 177—178）

极端的。就像巴鲁克的这个病人,患有受害狂症,有一天看到巴鲁克胸前的犹太黄星标记,鄙视地看着他大喊:"嘿,先生,看我,我可是法国人。"还有一个例子:"我们的同事达代医生正在查看病房,发现一个女病人因为是犹太人被别的病人嘲笑和讽刺。这时一个非犹太病人帮她说话。于是那个女病人开始转向这个替犹太人说话的病人,说出很多无理的谩骂,反犹的污蔑等,还说让医院把这个犹太人赶出去。"[182]

这就是一个反向行为现象的典型例子。犹太人要面对反犹主义做出反应,竟成了反犹者。萨特在《缓期执行》中表现出来了,比尔南沙茨以一种近似妄想症的执念否认一切。我们没有夸张。到了巴黎的美国人很吃惊,看到不少白人女子跟黑人在一起。在纽约,西蒙娜·德·波伏娃与理查德·赖特走在一起,被一个老女人指责。萨特说:这边是犹太人,别处是黑人。到处都需要替罪羊。巴鲁克的观点也是一样的:"从仇恨情结中解脱出来的前提是人类放弃替罪羊情结。"

过错,罪责,拒绝罪责,偏执狂,这里又到了同性恋领域。总体来说,各种作品描述的关于犹太人的情况完全可以用在黑人身上。[183]

---

[182]《精神病学探寻》,pp. 372—373。
[183] 波拿巴特这样写道:"反犹主义者在犹太人身上投射自己或多或少无意识中最坏的本能……这样,把责任都推到犹太人身上,他们把自己洗白了,感觉自己纯洁无瑕。犹太人就成了魔鬼的化身……美国的黑人也承受着同样的投射……"[《战争的神话》(*Mythes de guerre*),1947,p. 145,no.I]

善恶，美丑，白黑，这几对概念涵盖了我们关注的现象，我们选用莫里斯·迪德（Maurice Dide）和保罗·吉洛（Paul Guiraud）发明的词，那就是"妄想二元论"[184]。

你会说我们只看到了一类黑人，会说我们把反犹主义与恐黑症混在一起，你觉得我们这里的分析似乎有问题。我们曾与某人谈过我们的研究，他问我们预期结果是什么。自从萨特发表《什么是文学？》以后，文学越来越肩负起当前的责任，也就是把集体概念纳入思考和冥想之中：我们的研究工作就是想成为一面镜子，来表现进步的基础结构，让黑人脱离异化，找回自我。

如果没有了"人类最底线"，也就没有文化可言。我觉得知道班图文化中有"人就是力量"[185]的谚语并不重要，换句话说，如果不是有些细节使我很不舒服的话，我也许会对这句话有兴趣。关于班图本体论的思考有没有意义，当你读到下面这一段的时候就知道了：

> 1946年七万五千名黑人矿工举行大罢工的时候，警察举着枪支和刺刀威逼他们复工。二十五人死亡，几千人受伤。
>
> 斯穆特是当时的政府首脑，参加和平会议的代表。白人庄园里的黑人劳工生活条件近乎奴隶。他们可以带来家属，

---

[184]《实践医生的精神病学》（Maurice Dide, Paul Guiraud, *Psychiatrie du médecin praticien*），1922, p.164。
[185]《班图哲学》（*La philosophie bantoue*），1945。

但是任何人不经庄园主许可不得离开庄园。如有违反，警察会即刻赶来把他带走予以鞭打……

根据《土著人管理法律》，南非总督以最高长官的身份，拥有处置非洲人的任何权力。他可以发布通告，逮捕并关押任何一个被认为对公共治安造成威胁的非洲人。他可以在任何土著人区域禁止十人以上的集会。对非洲人没有基本的人身保护令。对他们，任何时候都可能进行大规模无令逮捕。

南非的非白人居民是没有出路的。奴隶制的各种现代手段让他们找不到逃脱的途径。尤其是对于非洲人，白人社会摧毁了他们原有的世界，但并没有给予他们一个新世界。白人社会摧毁了他们赖以生存的传统部落基础，先是封死了过去的路，然后又堵塞了未来的路……

种族隔离制度则要禁止他们（黑人）作为独立自由的力量参与到现代历史之中。[186]

我们很抱歉引述了这么长的一段，但是这可以让我们明白黑人可能犯的几个错误。比如，迪奥普在他为《班图哲学》撰写的序言中说，班图本体论没有经历过欧洲形而上学的糟糕影响。但是他从中获得的看法也不无危险："我们需要提出两个问

---

[186] I. R. 斯基纳（I. R. Skine），《南非的种族隔离制度》（«Apartheid en Afrique du Sud»），*Les Temps Modernes*，juillet 1950。

题,一个是黑人的天赋特性是不是应该被扶植独特之处,灵魂的这种朝气,这种与生俱来的对人与造物的尊重,这种生活的快乐,还有这种和平,它不是以道德健康目的而被迫实现的人性扭曲,而是与生命之快乐和伟大的天然和谐……另一个问题是黑人能给世界带来什么……我们可以说,文化作为革命意愿的这个概念本身,就跟进步的概念本身一样,是与我们的天赋特性相反的。除非我们对大自然赐予的生命不满意,进步是不会干扰我们的意识的。"请注意!这里不是要在班图思想中找到"存在",因为班图人的生存处在非存在的范围,处在无法计算的范围。[187] 当然,班图哲学是不可能从革命意愿的角度来理解的:正是由于班图社会是封闭的,就没有剥削者代替力量之间的本体论关系。可是,我们知道班图社会已经不复存在。而种族隔离制度与本体论毫不相干。这个丑恶的制度没什么可说的了。

一段时间以来,黑人成为一个话题。说得太多了。黑人希望人们忘了他,这样可以让他聚集他的力量,他自身的力量。

有一天他说:"我的黑色既不是一座塔……"

人家就来了,人家把他变成希腊神话,变成俄耳甫斯……那个寻找普遍性的黑人。他在寻找普遍性!可是 1950 年 6 月,巴黎的旅馆甚至不接收黑人朝拜者。为什么?就因为怕美国客

---

〔187〕 可参见阿伦·帕顿(Alan Paton),《哭泣吧,我亲爱的国家》(*Pleure, Ô pays bien-aimé*),1950。

人（有钱人，也是恐黑者，谁都知道的）为此会搬出去。

黑人在找普遍性，但是，在屏幕上，人家只在乎他的黑人本质，他的黑人"本性"：

> 总是侍奉者。
> 总是殷勤备至，笑容满面。
> 我，不偷，不骗，从来不。
> 永远的傻大黑粗
> ……

黑人在普遍化，但是在巴黎，在圣路易中学，人家举报了一个，一个竟敢读恩格斯的黑人。

这很糟糕，黑人知识分子可能会沾染上。

怎么？我刚睁开被人蒙上的眼睛，人家就要把我埋进普遍性里去？那其他人呢？那些"没有嘴"的人，"没有声音"的人怎么办……我需要迷失在我的黑色之中，需要看到灰烬，看到种族隔离，看到镇压、强奸、歧视、抵制。我们需要用指头去触碰那些伤口，那些烙在黑人身上的处处伤口。

人家已经看见，迪奥普在寻找黑人特性在普世合唱团中的位置。然而，我们认为，一种真正的文化不可能产生于目前的境况之中。等到人获得了他真正的位置以后再来谈黑人特性吧。

我们这里要再一次引述塞泽尔；我们希望很多黑人知识分

子能够得到启发。我也需要不断告诉自己："尤其是，我的身体，还有我的灵魂，你们千万不要做袖手旁观者，因为生活不是看戏，因为痛苦的海洋并非台前布景，因为呐喊的人并非一头舞蹈的熊……"

我接着整理事实，尽力想从中找出那个象征定格的特殊时刻，这样就自然而然地靠近了荣格心理学。欧洲文明的特点是在荣格所说的集体无意识之中存在一种原型（archétype）：这是不好本能的表现，是每个自我中固有的阴暗面，野蛮不开化一面的表现，是每个白人内心深处都是黑人的表现。荣格确认在一些未开化民族中也发现了他图解中表示的相同心理结构。我的个人看法是荣格走过头了。再说，他研究过的民族，无论是亚利桑那州的印第安人，还是肯尼亚英国属地的黑人，都或多或少地与白人有过不无创伤的接触。我们前文说过，安的列斯孩子的成长过程类似萨拉文的经历，他从来不是黑人；我们也试图解释这个现象的含义。荣格把集体无意识放在沿袭下来的大脑成分之中。可是，集体无意识，不需要找基因方面的因素，它就是某个特定群体的各类偏见、神话、集体态度的总和。我们谁都相信，比如说，搬到以色列的犹太人用不了一百年时间就会产生出一种集体无意识，与1945年他们被迫离开祖国时的集体无意识完全不同。

从哲学讨论的角度来看，我们这里可以提出本能与习惯的老问题：本能是天生的（大家都知道怎么去想这个"天生"的概念），是不变的，特殊的；而习惯是后天形成的。仅从这里我们就可以说荣格把本能与习惯混淆了。他认为，集体无意识就是与大脑结构相关的，神话和原型是人种的恒定记忆痕迹。我们想说明的是，事实并非如此，集体无意识是文化产物，是后天形成的。就好像一个喀尔巴阡山脉的小村民，因为当地的生化环境原因，身上出现某种黏液水肿；也好像勒内·马朗这样的一个黑人，在法国长大，吸收了种族主义欧洲的神话和偏见，内化了这个欧洲的集体无意识，当他观察自己的时候，就不可能不发现自己对黑人的憎恨。我们应该慢慢来，但一点一点地展示那些整体出现的心理机制是很难的。人家能够懂得我们的想法吗？在欧洲，黑人代表着恶。我们知道，得慢慢来，但是这很难。刽子手是黑人，撒旦是黑色的，大家说"黑暗"，还有，无论是身体上的脏还是精神上的脏，脏的就是黑的。要是你专门去收集一下，你会发现很多词汇用语都把黑人当作罪孽。在欧洲，黑人或是特定地，或是象征性地，代表着人的性格中坏的一面。如果你没有弄懂这个方面，你谈论"黑人问题"就只能是空谈。黑人、阴暗、阴翳、黑暗、暗夜、地球的迷宫，深不见底，给某某人抹黑；它的另一边则是清澈无辜的眼神，洁白的和平鸽，仙境的光，天堂的亮。"美妙的金发孩子"，这句话中充满了平和，充满了快乐，更充满了希望！一个"美妙的黑人孩子"就没法比了：从字面上看，这句话就很别扭。我还是不要再讲黑色天使的故事了。在欧洲，也就是说在所有那些已经文明并且输出文明的国家，黑人象征着罪孽。黑人代表着各种低下品质的原型。在罗伯特·德佐伊（Robert

Desoille）[188]记录的清醒梦境中，就能发现这样的正反两方。比如说，怎么解释代表低下品质的无意识是涂成黑色的？德佐伊的描述更清晰，这里总是有往下还是往上的问题。如果我往下走，就能看见山洞，洞穴，里面有野人在跳舞。但我们不能搞错。比方说，德佐伊描述的一个清醒梦境中，山洞里的是一些高卢人。不过需要强调一下的是，高卢人是很笨的好人……一个高卢人在山洞里，我们感觉挺亲切，这大概跟我们上学时念过"我们的祖先高卢人"有关系……我觉得我们需要变成孩子，才能理解某些心理方面的现象。这方面荣格很有创新：他要到人类的初期去探索。可是他犯了大错，因为他只到了欧洲的初期。

德佐伊研究出的是欧洲无意识最深处的一个漆黑角落，那里有最不道德的冲动，最难以启齿的欲望。而因为每个人都向往白色，向往光明，欧洲人就想把这个未开化的东西拒之门外，但后者并不放弃。当欧洲文明与黑人世界发生接触以后，他们看到了那些野蛮民族，就全部一致认为：这些黑人就是恶之化身。荣格多次把异质作为黑暗，作为坏的一面：他并没有错。这种投射机制，或者叫作"转移"（transitivisme），已经在传统精神分析学中有所描述。如果我在自己身上发现某些奇怪的东西，被人责备的东西，我只有一个办法：丢掉它，把

---

[188] 罗伯特·德佐伊，法国精神治疗师，于20世纪30年代发明了"清醒梦境"疗法。——译者注

这个东西转移到别人头上去。这样我就终结了一种有冲突的循环，不会打乱我的平衡。在清醒梦境疗法中，要在前几次倍加注意，往下挖掘的过程不能太快。主体需要了解自己的升华环节的每个阶段，之后才可以接触无意识。如果在第一次分析的时候，就出现一个黑人，那就必须马上去除；要想达到这个目的，要让主体使用楼梯，绳子，或者让他想象被一个螺旋桨带走。这样黑人就会留在自己的坑里。在欧洲，黑人有一个作用，那就是来代表那些低下的情感，坏的念头，灵魂的阴暗面。在西方人的集体无意识之中，黑人，或者好听一点，黑色，象征着恶、罪孽、穷困、死亡、战争、饥荒等。被猎获的鸟都是黑色的。马提尼克岛的集体无意识都是与欧洲国家相同的，那里的人如果看到一个"黑得发青"的人来找他，就会说："什么阴风把他吹来了？"

集体无意识并不依赖大脑遗传，而是我称为不经思考的文化影响的产物。如果让一个安的列斯人来做清醒梦境的练习，他肯定会出现跟欧洲人同样的幻觉，这没什么奇怪。因为安的列斯人的集体无意识与欧洲人一样。

当你明白了以上阐述，你就可以得出如下结论：安的列斯人成为恐黑者很正常。以集体无意识的方式，安的列斯人吸取了欧洲人的各种原型。安的列斯黑人的阿尼玛（anima）基本总是一个白人女子。同样，安的列斯人的阿尼姆斯（animus）也总是一个白人。因为"我们"的作家如弗朗士、巴尔扎克、巴赞或其他小说家，从来没有提到过这个黑色的若隐若现的却真实存在的女子，也从没有提过眼睛黑白分明的深肤色阿波罗……可是我说漏了，我说了阿波罗！没办法，我其实就是白人。无意识之中，我不相信自己身上的黑色，也就是整个的我自身。

我是黑人，但很自然的，我并不知道这一点，因为我就是黑人。母亲在家里给我唱法文歌，歌中从没听说过黑人。如果我不听话，我太吵，人家就会让我不要"像黑人一样"。

后来，我们开始读白人的书，慢慢地吸收了来自欧洲的偏见、神话、民间传说。但是我们不是全部接受，因为有些偏见在安的列斯并不适用。比方说，反犹主义就不存在，因为没有犹太人，或者说基本没有。这里不用引入集体净化作用的概念，只需说明，黑人以不经思考的方式，就选择自己作为承载原罪的客体。白人选择黑人扮演这个角色，而黑人作为白人也选择黑人扮演这个角色。安的列斯黑人是这种强加文化的奴隶。他先是白人的奴隶，然后自我奴役。黑人，从各种意义上来说，都是白人文明的受害者。这就解释了为什么安的列斯诗人的作品没有特殊的标志，因为他们也是白人。回到我们的精神疾病话题上，也可以说黑人生活在某种模糊境地，这是极容易引起神经症的。二十岁的时候，也就是他的集体无意识或多或少地消失了，或者至少是很难达到意识的水平的时候，安的列斯人发现他一直生活在一个错误当中。为什么会这样？原因很简单，而且这点很重要，安的列斯人明白自己是黑人，但是他有伦理方面的倾向，他发现（集体无意识中的）坏人、懦夫、邪恶、本能驱动的人就是黑人。与此相反的就是白人。这就是安的列斯人恐黑症的来由。在集体无意识中,黑就意味着丑陋、罪孽、黑暗、无道德。或者说,无道德的人就是黑人。如果我在生活中的行为是有道德的,那我就不是黑人。因此,马提尼克人习惯说某个坏白人有一个黑人的灵魂。肤色不算什么,我甚至都看不出来,我只知道一件事,那就是我的良心清白,我的灵魂是雪白的。某一位曾说过,"我像雪一样白"。

强加文化在马提尼克很容易普及。伦理倾向也毫无障碍。可是真正的白人在等着我。他很快就会告诉我,只有白色的意愿是不够的,必须要全方位白色。这个时候我才意识到自己被骗了。让我们总结一下。安的列斯人在集体无意识中是白人,在大部分的个人无意识中是白人,在他个体化意识形成的大体全部过程中也是白人。而他的肤色,是黑的,这一点荣格并没有研究。由这个误会开始,出现了种种不理解现象。

塞泽尔是在法国攻读文学的时候,"发现了自己的懦弱"。他知道那是一种懦弱,但是一直解释不清。他感到其中的荒唐、愚蠢,我会说甚至是不健康,可是他没有一部作品中对此进行过分析。这是因为需要把眼下的情景抹掉,以孩子的心灵来感受现实。电车上的黑人很滑稽丑陋。塞泽尔看着觉得好笑。也就是说在那个真正的黑人与他之间根本没有共同之处。在法国的白人圈子里,有人介绍进来一个英俊的黑人。如果这个圈子是知识分子圈子,谁都知道这个黑人想显示自己。他让大家不要注意他的肤色,而是注意他的思想能力。马提尼克就有很多二三十岁开始钻研孟德斯鸠或克洛岱尔的人,目的就是要引用作家的名言。也就是说,他们想通过这方面的学识让人忘记他们的黑皮肤。

道德意识意味着某种分割,某种意识上的断裂,明的一部分与暗的一部分相对。要想有道德,就必须使黑色、阴暗、黑人等这些事物从意识中消失。因此,黑人每时每刻都在与自己的形象作战。

如果同样地,大家同意埃斯纳先生提出的道德生活的科学观念,如果病态的宇宙要从错误、罪责开始理解,那么一个正常人就是摆脱了罪责的人,反正可以不用为此负责的人。直接说来,就是每个人都应该把自身的低下念头、冲动甩到某个坏的鬼魂头上去,也就是他所属文化中的鬼魂头上(我们已经说过就是黑人)。这种集体罪责是由一般所说的替罪羊来承担的。可是,白人社会是建立在神话基础上的,如进步、文明、自由主义、光明、精致等,这个社会的替罪羊就是那种阻碍这些神话发扬光大的力量。这种粗鲁的力量,阻挡的力量,是黑人提供的。

安的列斯社会中的神话跟第戎的社会或者尼斯社会的神话都是一样的,年少的黑人,把自己当作文明输出者,把黑人当作他道德生活的替罪羊。

我十四岁的时候明白了我现在称为强加文化的意义。我有个战友,后来死了,他父亲是意大利人,娶了一个马提尼克女人。此人二十多年前就在法兰西堡定居下来。人们都把他当成安的列斯本地人，可是私底下大家都知道他从哪里来。但是，在法国，意大利人要是当兵，就一钱不值；都说一个法国人顶十个意大利人；意大利人不勇敢……我这个战友出生在马提尼克，也只认识马提尼克人。有一天，蒙哥马利在利比亚攻打意大利军队，我在地图上研究盟军的进攻方向。当我了解到盟军夺回的地盘时，我大声欢呼："好厉害啊！"我这个战友，没法忘掉父亲的祖籍，就非常尴尬。其实我也很尴尬。我们两个，其实都是强加文化的受害者。我相信理解了这个现象及其各种后果的人一定会知道往哪个方向去找解决办法。请听叛逆者的声音：

> 上来了……从土地深处上来了……黑色的水流涌上来了……波浪翻滚……沼泽地的动物气味……暴风雨卷起赤着的脚……还有很多人正在山间小路上攀登，爬上悬崖峭壁，穿过凶猛的急流，看着肮脏的水流涌入喧嚣的大河，汇入腐臭的海湾，进入失控的大洋，他们露出黑色的笑脸，扬着手里的弯刀，吐出劣质酒的气息……[189]

你们懂了吗？塞泽尔走下去了。他愿意去看看最深处发生的事情，现在他可以上来了。他准备好迎接黎明了。但他不让黑人留在下面。他让黑人登上他的肩膀，让他们站到高处。他

---

[189] 引自塞泽尔诗集《神奇的武器》(*Les armes miraculeuses*)，1946。——译者注

在《回乡札记》中已经写过。他选择的就是巴什拉（Bachelard）所说的"上升心理"[190]：

> ……
>
> 就这样，牙齿雪白的上帝，和脖颈细弱的人们
>
> 请听，请感受那致命的三角贸易的寂静
>
> 我只会跳舞
>
> 坏黑人的舞蹈
>
> 我只会跳舞
>
> 打碎牢笼的舞蹈
>
> 冲破监狱的舞蹈
>
> 做黑人很美很好很正当的舞蹈
>
> 我只会跳舞而太阳在我手指间跳跃
>
> 但是不平等的太阳不再能满足我
>
> 风啊，请卷起来，就在我新长出的枝干间
>
> 请停留在我齐整的手指上
>
> 我把我的良心交给你，还有它实在的节奏
>
> 我把火焰交给你，我的弱点在火上熏烤
>
> 我把锁链中的囚犯交给你
>
> 我把沼泽地交给你
>
> 我把三角航线的旅行者交给你

---

[190]《空气和梦境》(*L'air et les songes*)，1943。

大风吞噬

我把我直率的话语交给你

吞噬吧,卷起吧

卷起时,用广阔的颤抖来亲吻我亲吻我和我们

愤怒地

亲吻,亲吻我们

但你已经咬伤过我们

咬出血我们的血

亲吻吧,我的纯洁只和你的纯洁连接

那么亲吻吧

就像一片笔直的木麻黄树林

夜晚

我们七彩的纯洁

拉住,拉住我,没有悔恨

用你广阔的臂膀,闪亮的黏土做成

拉住我的黑色,把它跟世界的肚脐连在一起

拉住,拉住我热切的兄弟之情

然后,用星辰编织的绳索勒住我

上去吧,鸽子

上去

上去

上去

我跟着你,你印在我永远白色的眼角中

> 上去吧，亲吻天空的鸽子
> 还有一个很大的黑洞，我本来想把另一个月亮投进去
> 现在我想在里面捞出咒语
> 夜的咒语，黑夜在静止地扫动[191]

我们明白为什么萨特从黑人诗人投身马克思主义的现象中看出了黑人性理论的逻辑走向。事情经过是这样的。因为我发现黑人是罪孽的象征，我就开始憎恨黑人。但我也发现我是黑人。解决这种冲突的办法有两种：要么，我让别人不要注意我的肤色；要么，我让大家都注意到。我就试着把不好的东西说成好的，实际上，我本来已经不假思索地接受了黑色是恶的颜色。现在要想终结这种令人错乱的状态，我不想选择任何一种不健康的、引起冲突的、幻觉堆砌的、对立的、不人性的办法。所以只有一条路：我俯瞰人们在我周围演的这场荒唐剧，把这两个同样荒唐的词完全分开，通过某种人类个别性，把目标指向普遍性。当黑人跳下的时候，或者说他下去的时候，有一种非同寻常的东西出现了。

再请听塞泽尔：

> 呜，呜
> 他们的力量真真切切

---

[191]《回乡札记》，pp. 94—96。

> 已经拥有
>
> 已经需要
>
> 我的手浸在杜鹃丛中
>
> 在红木林里
>
> 我还有个大葫芦里装着星星
>
> 但我很虚弱。哦,我很虚弱。
>
> 请帮助我。
>
> 现在我在蜕变中发现自己
>
> 被淹没被蒙上眼睛
>
> 因自己惊恐,被自己惧怕
>
> 被神……你不是神。我自由了。

> 叛逆者:我和这暗夜有个约定,二十年来我感觉到它在轻轻地向我呼唤……[192]

找到这喑夜之后,也就找到了他的身份意义,塞泽尔首先发现:

> 即使我们把树的下半部刷上白色的漆,漆下树皮的力量还在呼喊……

---

[192] 引自塞泽尔诗剧《狗沉默了》(«Et les chiens se taisaient»), *Les armes miraculeuses*, 1946, pp. 144 et 122。

然后，他发现自己身上的白人，于是立刻除掉：

> 我们破门而入。主人的卧室大开着。主人的卧室灯很亮，主人在那儿很平静……我们的人停下脚步……他是主人……我进去了。是你啊，他说，很平静……是我。就是我，我对他说，那个好奴隶，忠实的奴隶，奴隶，奴隶，猛地他的双眼就好像雨天的蟑螂……我打他，血流出来：那是我记忆中唯一的一次洗礼。[193]
>
> 通过这么一次出乎意料的正义的内心革命，他令人生厌的丑陋拥有了荣誉。[194]

还能补充什么？黑人先是被带向了自我毁灭的边缘，然后，或是谨慎地或是猛地一下子，他将跳入"黑洞"，在那里"黑人的呐喊将全面爆发，撼动世界的基石"。

欧洲人既知道，也不知道。从思维层面对他来说，黑人是黑人；但是从无意识角度，他看到的是黑人/野人的形象。我可以举出几千个例子。乔治·穆楠（Georges Mounin）[195]在《今日非洲人》（Présence Africaine）杂志上说道："我有幸没有在社会学课上按照列维-布留尔[196]的原始思维理论观

---

[193]《狗沉默了》，p. 136。
[194]《狗沉默了》，p. 65。
[195] 乔治·穆楠（1910—1993），法国语言学家。——译者注
[196] 列维-布留尔（Lucien Lévy-Bruhl, 1857—1939），法国社会学家，人类学家，曾提出"原始思维"概念。——译者注

察黑人；也可以说，我有幸不是从书籍中发现的黑人，至今我每天都感到庆幸。"[197]

穆楠当然不是一个普通的法国人，他的这句话尤其引起我们的注意："在这个不要成见的时代，我庆幸自己明白了黑人是跟我们一样的人……我作为白人，我庆幸自己能够永远自然地面对一个黑人，而绝不会愚蠢地摆出一副民族学调研者的架势，以那种难以忍受的方式给他们定位……"

就在同一期的《今日非洲人》杂志中，埃米尔·德尔蒙盖姆（Emile Dermenghem）[198]，一个完全没有恐黑嫌疑的作者，写道："我的一个童年记忆是去参观1900年世博会，当时我最盼望的就是看到一个黑人。那时的想象自然是被书籍中的描述激起来的，比如《十五岁的船长》《罗伯特的奇遇》，还有利文斯通的游记等。"

德尔蒙盖姆告诉我们这些阅读激发了他对异国风情的兴趣。如果可能的话，我可以握着德尔蒙盖姆的双手告诉他，我相信写这篇文章的他，但是不相信参观1900年世博会的他。

我很抱歉重提这些五十年来尤休无止的话题。书写黑人友谊的可能性是一种慷慨的举动，然而遗憾的是恐黑者和他们的同伴与这种慷慨完全隔绝。当我们读到"黑人是野人，对待野人只有一个办法：踢他的屁股"，我们坐在书桌前，在想"所

---

[197]《今日非洲人》杂志上刊登的针对《黑人神话》（«Mythe du nègre»）调查问卷的第一批答卷，1947, no. 2.
[198] 埃米尔·德尔蒙盖姆（1892—1971），法国记者，档案学家。——译者注

有这些愚蠢都应该除掉"。这一点大家都一致同意。雅克·霍莱特（Jacques Howlett）[199]在《今日非洲人》杂志第五期发表文章写道："我认为主要有两个东西造成了目前黑人远离他者世界（我不包括在内）的现状：他的肤色和他的裸体，我以前就一直以为他是裸体的。诚然，还有一些表面因素（其实我们无法估量这些因素至今如何影响着我们的新观点新观念）有时会掩盖了这个遥远的形象，黑色的、裸体的、似乎并不存在的；就类似那个戴着红毡帽的黑人，脸上露出憨厚的微笑，象征着早餐桌上的巧克力饮料，还有那个勇敢的塞内加尔士兵'做规则的奴隶'，某种卑微的堂吉诃德，各类'殖民史诗'中的'天真英雄'，还有那个'需要皈依的'黑人，大胡子传教士的'忠实的孩子'。"

这篇文章中，霍莱特讲述他出于对书籍中各类描述的反感，把黑人当作纯真的象征。他也进行了解释，但是我们不得不认为他已经不是八岁的孩子了，因为他谈到了"对性的不好想法"，还有"唯我论"。而且，我深信霍莱特已经忘记了他开始说的那种"大人的纯真"，完全忘记了。

最有趣的故事毫无疑问来自米歇尔·萨罗蒙（Michel Salomon）[200]。不管他怎么辩解，他的种族歧视言论都臭不可闻。他是犹太人，他经历了"上千年的反犹主义"，可他就是种

---

[199] 雅克·霍莱特（1919—1981），法国哲学家，社会学家，专攻非洲研究。——译者注
[200] 米歇尔·萨罗蒙（1927—2020），医学博士，法国记者。——译者注

族主义者。他说:"如果你否认看到黑人的肤色和头发,看到他散发出那种性感时会出现某种天然的不安,被吸引的不安或是厌恶的不安,那就说明你被某种荒唐无用的羞耻心掌控,拒绝接受现实……"后面,他竟然谈到什么"黑人神奇的活力"。

萨罗蒙的文章告诉我们他是医生。但他应该小心,他的这种文学意图是反科学的。日本人和中国人比黑人的生育能力高十倍,是不是也说他们性感?还有,萨罗蒙先生,我需要给您讲一句实话:我每次听到男人这样说另一个男人就恶心:"这个人太性感了!"我不懂男人性感是什么意思。想象一下一个女人说另一个女人:"她实在太诱人了,这个美女……"萨罗蒙先生,黑人散发出性感,既不是因为他的肤色,也不是因为他的头发。只是,很长时间以来,黑人的形象被制造成某种生理的—性关系的—性感的—生殖器的叠加在一起的形象,您被迫接受了,没能超越它。眼睛不只是镜子,而是改造镜。眼睛应该让您去纠正文化上的错误。我没有说双眼,我只说眼睛,大家都知道眼睛意味着什么;不是意味着矩状沟,而是指那一道光,它在梵高的颜色前闪现,在柴可夫斯基的奏鸣曲中闪现,在朗读席勒的《欢乐颂》时,在听到塞泽尔诗性演讲时闪现。

黑人的问题不只是那些生活在白人之间的黑人的问题,而更是那些被某种资本主义社会,殖民主义社会,碰巧是白人的社会,所剥削、奴役和蔑视的黑人的问题。您说,萨罗蒙先生,"如果你们法国有八十万黑人的话"不知道该怎么办;因为对您来说,这是个麻烦问题,黑人增多的问题,黑祸的问题。马提尼克人是法国人,他就想留在法兰西联盟之内,这个马提尼克人,他只求一样东西,那就是,蠢货们和剥削者们能让他活得像个人。我知道自己找不到方向,周围全是白人,但如果都是萨特或是阿拉贡这样的白人,我也别无所求了。萨罗蒙先生,您说,不好意思是没用的,我们也同意。可是我不认为娶一个欧洲女人就意味着放弃了自己的个性;我向您保证我不是在做"傻瓜的交易"。如果有人来闻我的孩子,如果有人来检查我孩子的指甲颜色,这只是因为社会并没有改变,就像您说的,社会还是把以前的神话保存得很好。而对于我们,我们拒绝在看待问题的时候采取这种态度:或是这样……或是那样……

黑种民族,"黑种籍"都是什么东西?我是法国人。我对法国文化感兴趣,对法国文明感兴趣,对法国人民感兴趣。我们拒绝把自己当成"边侧人",我们就在法国悲剧的中心。如果有些人,也许没有什么根本的坏,但是被愚弄的人,侵占了法国,要奴役法国,作为法国人,我就告诉自己我的位置不在边侧,而在事件的中心。我个人关注法国的命运,关注法国的价值,关注法国这个国家。某个黑人帝国,跟我有什么关系呢?

穆楠、德尔蒙盖姆、霍莱特、萨罗蒙都参与了这个关于黑人神话起源的调查问卷。他们都向我们说明了一点。那就是要想真切地了解黑人的现实,就必须放弃文化理想主义。前不久,我在一份儿童报纸上看到这句话,图上是一个黑人童子军男孩向三四个白人童子军介绍一个黑人村落:"这个大炉子就是我们祖先用来煮你们祖先的。"我们知道现在已经没有黑人食人族了，可是我们知道过去……而且从严格的意义上说，我觉得这个作者无意中给黑人做了一件好事。因为白人孩子读到这个以后，能够明白现在的黑人不是吃白人的，但是历史上出现过。也就是说，进步是不容置疑的。

在本章结束之前，我们还要汇报另一个观察结果，这个观察要归功于圣毅里精神病院女病科主任医师的帮助，可以进一步阐明我们此书的观点。此项观察证明，在黑人神话的极端，对黑人的想象能够导致某种特殊的异化。

B 小姐在 19××年 3 月进入医院时年满十九岁。住院卡上的记录："毕业于巴黎医学院的 PXX 医生特此证明，B 小姐患精神紊乱，发病时多动，动作不稳定，抽搐，意识到癫痫但自己无法控制。发病频率增加，难以维持正常交往活动。有必要住院观察，自愿住院。"

二十四小时后，主任医师记录："自十岁起患抽搐型神经症，初潮后及外出工作后逐渐加重。时而伴有抑郁症，焦虑，症状加重。肥胖。要求治疗。有人陪伴时放松。开放性治疗。留院观察。"

个人病史方面无任何疾病记录。初潮出现于十六岁。身体检查无异常，只有皮下脂肪过厚，轻微的表皮水肿，可以推测有轻微的内分泌不足。经期规律。

问诊中明确了以下几点："主要是在我工作的时候抽搐出现（病人住院期间，父母并不在场）。"眼部抽搐，前额抽搐；喘气很重，吼叫。睡眠好，无噩梦，饮食好。经期不烦躁。卧床后入睡前多次脸部抽搐。

监管病房护士补充：尤其是独自一人时发病。当她与别人在一起或是说话的时候基本看不到。出现抽搐与她做的事情有关。她先是跺双脚，然后走开，同时对称地抬起脚、腿、胳膊和肩膀。

她发出一些声音。但是别人听不懂她说什么。然后她非常大声地喊叫，没有词句。只要别人叫她，她便停止。

主任医师开始对她进行清醒梦境治疗。病人事先讲述过她经常看到圆圈形的可怕幻影，医生让她描述那些圆圈。

第一场治疗的记录如下：

> 那些圆圈很深，是同心圆，不停地扩大又缩小，配着黑人的鼓点。这个鼓点意味着失去她双亲的危险，尤其是她母亲。
>
> 然后我让她在圆圈上画一个叉，圆圈还在。我让她拿抹布去擦，圆圈消失了。
>
> 继续说黑人的鼓点。她的周围有很多半裸体的男人和女人，跳着可怕的舞。我让她不要怕，也一起跳舞。她照着做了。马上，其他人的样子都变了。现在变成一个漂亮的舞会。男人和女人都穿得很漂亮，在跳华尔兹，音乐是《雪绒花》。
>
> 我让她靠近那些圆圈，但她看不到了。我让她讲述圆圈；她说又看到了，但是圆圈都破碎了。我让她走进去。

她说,我没有被完全围住,还可以出来。圆圈断成两半,然后又断成好几块。现在只有两块,也消失了。她讲述过程中上身和眼睛多次发生抽搐。

几次治疗后,多动情况好转。

下面是另一次治疗的记录:

我让她讲那些圆圈。她看不到。之后看到了。是破碎的。她进去。圆圈断裂,升起来,又落下,然后一个一个地轻轻掉入真空。我让她听鼓点。她听不到。我叫她。她从左边听到了。

我提议让一个天使陪她到敲鼓的地方去,她愿意自己一人去。但一个人从天而降。是一个天使。微笑的天使,把她带到鼓旁边。那里只有一些黑人,围着篝火跳舞,看上去很凶。天使问她这些人要做什么:他们要烧死一个白人。她四处去找那个白人。找不到。

哦,我看到了。一个五十多岁的白人。半身穿着衣服。

天使去跟黑人头领说话(因为她很怕)。黑人头领说这个白人不是本地的,所以要烧死他。但是他没做什么坏事。

他们把他放了,又开始跳舞。她不愿意一起跳舞。

我让她去跟黑人头领交谈。他正在独自舞蹈。白人不见了。她想离开,好像不想跟黑人说话。她想跟天使一起走,回家,跟她母亲,兄弟姐妹在一起。

她的抽搐停止了，我们就结束了治疗。几天后，我们又见到这个病人，她再次发病。以下为记录：

> 还是那些圆圈。她拿着棍子。圆圈破碎。棍子很神奇。把那些碎铁变成一种漂亮的质地。
>
> 她向火走去：就是那些跳舞的黑人点起的火。她想认识头领。她走向头领。
>
> 黑人先是停止跳舞，然后又开始跳，但节奏变了。她围着火跳舞，把手伸出去。
>
> 这几次治疗使病人情况明显好转。她给她父母写信，见来看她的亲友，在医院的放映厅看电影。她参加集体游戏。有个病人弹钢琴的时候，她请一个病友跳舞。病友们都很尊重她。

还有一次治疗的记录有这么一段：

> 又想到了那些圆圈。圆圈都断成了一个整体，但右边缺了一小块。最小的倒是完整的。她想把小的圆圈打碎。她把小圆圈抓在手里，拧转；圆圈断了。但还有一个小的没有断。她钻过去。另一侧完全是黑的。她不怕。她呼叫，天使出现在高处，和气地微笑着。天使把她带回亮的一侧，右侧。

清醒梦境治疗在这个病例身上效果很好。可是，病人一旦独处，就出现抽搐。

我们不打算展开这个神经错乱病症的基础。

主任医师的观察记录表现出病人对想象中的黑人的恐惧，十二岁开始的恐惧。

我们与病人多次谈话。

她十岁到十二岁的时候，她父亲，曾经在殖民地工作过，经常听黑人音乐。她家里每个晚上都能听到黑人鼓点。她那时已经上床睡了。

我们上文说过，她也是在这个年纪开始出现黑人吃人的幻觉。这之间的联系可以看出来了。

还有，她的兄弟姐妹发现了她的这种恐惧症，就经常吓唬她。

她躺在床上，听到鼓点，眼前就出现黑人。她用被子蒙住自己，浑身发抖。

然后就出现了圆圈，越来越小，把黑人排除在外。

这些圆圈就是一种对幻影的防御机制。

今天，圆圈出现的时候并没有黑人，也就是说防御机制自动发生，尽管其决定论起因并不存在。

我们见到了她母亲。她证实了女儿的讲述。女儿非常情绪化，十二岁时，经常在床上吓得发抖。我们在医院出入的这一情况并没有引起她精神状态的任何改变。

现在，只要有圆圈就能引发她的一系列肢体反应：喊叫，面部抽搐，不协调动作等。

尽管我们认为这与个人的体质也有关系，但很显然，这种异化是因为害怕黑人而引起的，再加上某些决定性环境因素。虽然这个病人的情况明显好转，但我们并不认为她能够很快恢复正常的社会生活。

第七章　黑人与被承认

A.　黑人与阿德勒

"不管我们从哪个角度来分析各种精神病态,都会很快发现以下现象:神经症的所有表现,所有症状,都像是受到一个最终目标的影响,甚至像是这个目标的投射。因此我们可以说这个最终目标也是某种成因,某种指向、安排、配合的原则。如果你试着理解各种病理现象的'意思'和走向,而不考虑那个最终目标,你会很快发现一系列毫无规则的趋势、冲动、弱点和反常,有些人会失去信心,另一些人会产生某种强烈的欲望要不惜代价冲破黑暗,但最终空手而归或者收获寥寥。但是如果你接受某种最终目标的假设,或者隐藏在现象背后的某种起因的目的性,就会马上看到黑暗正在消失,我们能够像读书一样阅读病人的灵魂。"[201]

---

[201] 阿尔弗雷德·阿德勒(Alfred Adler),《神经性格》(*Le tempérament nerveux*),1948,p. 12。

当今各种令人错愕的荒谬看法，正是在此类理论观点的基础上建构出来的。好吧，让我们来把性格心理学运用到安的列斯人身上看看。

黑人就是一个"比"。这是第一个事实。说他们是"比"，就是说他们每时每刻都在关注如何显示自我，关注理想化的自我。他们每次遇到他人，都会想到各自的身价、本领。安的列斯人并没有自身的价值观，他们总是在等待他人出现。总是在想别人没有自己聪明，比自己黑，不如自己好。自身的立场，自身的定位都依赖于他人的沦陷。在周围人的废墟之上，我来建筑我的强悍。

我向阅读此书的马提尼克人建议如下实验。说出法兰西堡的街道中最"比"的那一条。舍尔歇街，维克多·雨果街……但肯定不是弗朗索瓦·阿拉格街。凡是接受我提议的马提尼克人都同意我的说法，这是因为他不可能接受自己不知道的事实。一个安的列斯人见到五六年没见的老同学，两人的态度都会很有攻击性。这是因为五六年前他们都有各自的排序。原本被低看的那位觉得自己提升了……原本较高的那位坚守原来的排序。

你一点没变啊……，还那么傻帽儿。

我就认识不少，甚至是当了牙医或其他科医生的，还在提对方十五年前犯的老错。这不是什么概念性错误，而是某种"克里奥尔主义"。你一旦会用了，就一用到底，什么都改变不了。安的列斯人的特点就是总想压制别人。他的路线取向总是要看他人的。什么时候都考虑的是主体，从不考虑客体。我总想在他者的眼光里读到敬意，如果不巧的是他投给我一种不好的形象，我就要贬低这面镜子：这个他者真是个蠢货。我不愿意在客体面前表现出无法遮羞。客体不被当作个性化的和自由的客体。客体就是工具，是协助我实现主体安全的工具。我自己是完满的（完满的欲望），不接受任何分割。他者上场只是摆设。主角就是我一个。你们鼓掌也好，批评也好，反正我是焦点。如果他者也想显示他的身价（他的故事），我就毫不顾忌地把他赶走。他就不存在了。谁也别再跟我提他了。我可不愿意忍受客体的冲击。与客体接触总能引起冲突。我是那喀索斯（Narcisse），我想在别人眼中看到一种令我满意的形象。所以在马提尼克，在某些圈子里，就有"火神"、"火神"的亲信、外圈（想接近）的和被唾弃的。被唾弃的就是被无情斩杀的。大家都能猜测这个丛林里的温度如何。进去就出不来。

我，只有我。

马提尼克人贪图安全。他们要让人接受他们的故事。他们希望别人认可他们的力量。他们要显耀。每个人都是一个独立的原子，艰涩、刺人，每个人守着自己的地盘。每个人都想存在，想显示存在。安的列斯人的任何行为都要通过他者。这不意味着像阿德勒[202]描述的，是以人与人的交流为目的的，不是

---

[202]《认识人类》(*Connaissance de l'Homme*)。

说他者是其行动的最终目的,而是很简单的,因为他要想满足显示自己的需要,就必须经过他者的认可。

现在我们找到阿德勒理论中所说的安的列斯人线路了,还需要寻找根源。

可是困难出现了。阿德勒实际上创造了一种个人心理学。但是我们刚刚看到了,那种自卑情结是安的列斯整体的。不是某一个安的列斯人有这种神经结构,而是所有安的列斯人都有这个问题。安的列斯社会是一个神经紧张的社会,"比"的社会。所以我们就从个人心理回到了社会结构。如果这里有什么问题,这问题不在个体的"灵魂"之中,而在他所处环境的灵魂之中。

马提尼克人是神经紧张的人,但同时又不是。要是我们严格地运用阿德勒理论,我们就会说,黑人在抗议历史遗留的自卑感。因为黑人一直以来都是低等的,于是他就试着以某种高人一等的情结来做出反向应对。布拉赫菲尔德(Brachfeld)的书中就是这么说的。他在论述种族自卑感问题方面引用了一部西班牙剧作:安德烈·德·克拉拉蒙特(Andrés de Claramonte)的《佛兰德斯的勇敢黑人》。[203] 我们可以看到黑人的自卑感不是20世纪才出现的,因为克拉拉蒙特是塞万提斯时代的人。

---

[203] 安德烈·德·克拉拉蒙特(1560—1626),西班牙剧作家。后世对他的生平了解很少。——译者注

仅仅因为肤色缺陷

他没法成为一个真正的骑士……

黑人胡安·德·梅里达这样说：

在这个世界上生为黑人是多么悲惨！

黑人难道不是人？

难道他们的灵魂因为肤色就变得恶劣，笨拙和丑陋？

因为肤色他们被起了别名

我的肤色给我压上了沉重的悲哀

但我向世界展示我的勇气……

难道作为黑人就必定恶劣？

可怜的胡安不知向哪个神灵去祈求。一般来说，黑人就是一个奴隶。但他并非如此：

因为我尽管是黑人

但并不是奴隶。

可是他想逃脱这种黑色。他在生活中遵守伦理。从精神境界上看，他是个白人：

我比雪更白。

其实说到底，从象征意义上看，

> 作为黑人究竟是什么？

> 这种颜色究竟怎么了？
> 我向命运控诉这种不公，
> 向时间，向天空，
> 向使我成为黑人的一切！
> 哦！肤色的厄运！

胡安被关押，发现自己的愿望无法拯救自己。他的外表使他的所有行动都失去了效果：

> 灵魂有什么用呢？
> 我已疯狂。
> 我怎可能不绝望？
> 哦，上天
> 作为黑人是多么可怕的事情。

在苦痛的顶点，不幸的黑人只有一个办法：向别人展示，更向自己展示他的白色。

> 即使我无法改变肤色

我也要探险。[204]

这里的胡安·德·梅里达应该从过度补偿的角度来理解。因为黑人属于"低等"人种，所以他才要试着变得跟高等人种一样。

可是我们不会进入阿德勒理论的陷阱。德曼（De Man）和伊斯特曼（Eastman）在美国运用了，甚至可以说是过度运用了阿德勒方法。我列出的事实都是真实的，但是很明显，这些事实与阿德勒心理学只有表层的关系。马提尼克人不把自己跟白人比，因为白人被看成父亲、领导、上帝，他们只跟白人手下的自己同类相比。阿德勒理论的比较模式如下：

我比他者厉害。

而安的列斯人的比较是这样：

白人
我与他者不同

阿德勒理论的比较包括两个方面，比较的起点是自我。

---

[204] 作者并未标明出处。以上文字均摘自布拉赫菲尔德所著《自卑感》（ Les sentiments d'infériorité），1945。布拉赫菲尔德（Ferenc Olivier-Brachfeld，1908—1967），匈牙利心理学家。——译者注

安的列斯人的比较顶端是第三方：领导者的叙事不是个人的叙事，而是社会叙事。

马提尼克人被钉在十字架上。他所生长的圈子把他残酷地分解了；而且这个文化环境，也是由他的血液和他的情感来维持的。不过，黑人的血液在内行看来是一种优质肥料。

按照阿德勒方法，我先了解了我的同学在梦中想象自己变白，想象自己强有力的情况，然后我告诉他这种神经紊乱，精神不稳定，自我破碎的问题来自那种领导叙事；我会跟他说："马诺尼先生描述过马达加斯加人的类似现象。你看，我觉得，你应该接受你本身的位置，世界给你安排的位置。"

可是，我不会这样的！我不会说这些话的！我要对他说：是环境，是社会造成了你被愚弄的局面。事已至此，其他都会自然发生，我们知道这意味着什么。

世界末日呗。

我有时在琢磨教育部官员和处长知不知道他们在殖民地所起的作用。二十年中，他们的教育大纲一直在拼命把黑人培养成白人。到最后，他们把黑人放开，对他说：你确确实实有一种依赖白人的情结。

B. 黑人与黑格尔

自我意识是自在自为的，这由于、并且也就因为它是为另一个自在自为的自我意识而存在的；这就是说，它所以存在只是由于被对方承认。[205]

——黑格尔,《精神现象学》

人之所以为人,是因为他要面对另一个人,要别人承认他。当他不被别人真正承认的时候,他的行动的主旨就是对面这个人。他作为人的价值,他的存在,就依赖于这个他者,依赖于他者的认可。他人生的意义就集中在那个他者身上。

白人与黑人之间没有公开的斗争。

一天,白人主人未经斗争就承认了黑人奴隶。

但是曾经的奴隶想自己争取承认。

在黑格尔辩证法的基础上,这里需要看到绝对对等的重要性。

我只有突破我当下的存在才能意识到他者的存在,意识到他者是自然的存在,甚至超越自然的存在。如果我阻断这个循环,如果我使得这种双向运动难以进行,我就把他者关闭在他的自我内部了。极端地说,我就把他的自为存在剥夺了。

要想打破这种可怕的循坏,不再把我关闭在我自身之内,唯一的办法就是,通过思考,通过承认,还给他者作为人的资格,这与他的自然存在不同。而他者也要进行同样的行动。"单方的行动没有用,因为只有两方面的行动才能达到目的……";"两方

---

[205]《精神现象学》(*Phénoménologie de l'Esprit*, trad. Hippolyte), 1941, p. 155。

面互相认可对方承认自己。"[206]

自我意识在产生之初是单纯的自为存在。要想获得对自我的确信，就需要纳入承认概念。他者，同样，等待我们的承认，才能在普遍的自我意识中得到发展。每个自我意识都在寻找绝对性。希望作为一种超越生命的特殊价值被承认，也就是从主观确信（Gewisheit）转化为客观真理（Wahrheit）。

自我意识如果遇到他者的反对，就会感受到"欲望"[207]；这是通往精神尊严的第一步。它可以去冒生命危险，因而也会威胁他者的身体存在。"只有冒着生命危险才能保持自由，才能证明自我意识的本质不是存在，不是自我意识出现时的直接形式，也不是沉陷到生命扩张中去。"[208]

因此自为自在的人的存在只有在斗争之中承担相应的危险后才可能实现。这种危险就意味着自我超越生命，走向某种至上的境界，那就是把我对自身价值的主观确信转化为普遍性的客观真理。

我请人们从我"欲望"的角度来看我。我不仅仅是此时此地的那个具体的事物。我也是为别处的，为其他事物存在的。我要求人们了解我的否定行为，因为我在追寻生命之外的东西；我在为一个真正的人类世界而斗争，那就是一个人与人互

---

[206]《精神现象学》，p. 157。
[207] 作者原文在此处把"欲望"一词用斜体标注，并将第一个字母大写，特指黑格尔理论中的概念。——译者注
[208]《精神现象学》，p. 159。

相承认的世界。

谁如果不愿意承认我，他就是我的敌人。在猛烈的战斗之中，我可以去感受死亡的震撼，感受无法挽回的分解，但同时还有不可能之可能。[209]

然而，他者，可以不经斗争就承认我：

> 没有把生命当赌注的个体也可能被承认为人，但是他没有达到那种独立自我意识得到承认的真理。[210]

历史地来看，黑人原本沉浸在被奴役的无本质状态，后来被主人解放了。他没有经历过为自由的斗争。

黑人一下子，从奴隶一层进入主人所在的场地。他就像那些仆人，一年被允许在大厅里跳一次舞，要寻找一个依托。黑人没有变成主人。没有奴隶以后，也就没有主人了。

---

[209] 我们在开始写作本书时曾打算专门研究黑人与死亡的问题。我们当时觉得很有必要，因为总听到有人在说：黑人不自杀。

阿希尔先生在一次讲座中也曾提到这点，理查德·赖特在一部小说中写一个白人说："我要是黑人就去自杀。"言下之意就是，只有黑人会忍受如此境遇而不感到自杀的呼唤。

之后，还有德艾（Deshaies）先生的博士论文研究自杀问题。他说明，雅恩施（Jaensch）的研究区分了非组合类（蓝眼睛，白皮肤）和组合类（深色的眼睛和皮肤），我们认为这完全是花里胡哨的东西。

涂尔干当时观察到犹太人不自杀。现在是黑人。可是，"底特律医院接收的自杀者之中有 16.6% 的黑人，而黑人只占当地人口的 7.6%。在辛辛那提，黑人中的自杀率比白人高两倍，其中黑人女子的比例很高：358 个女子，76 个男子"（Gabriel Deshaies, *Psychologie du suicide*, n. 23）。

[210]《精神现象学》，p. 159。

黑人是奴隶，只不过人家允许他采取一种主人的态度。

白人是主人，只是他允许他的奴隶与他同桌吃饭。

有一天，一个很有势力的善良的白人主人对他的朋友说：

我们应该对黑人好一点……

于是那些白人主人，骂骂咧咧地，因为这对他们来说太难了，但还是决定把这些"机器／牲畜／人"抬升到人的至尊行列。

<u>"法兰西的任何领土都不应该再有奴隶。"</u>

这一变化从外部触及了黑人。黑人被行动了。这些价值观不是由他的行为产生的，不是因他的心脏收缩泵血产生的，而是直接到他身边来跳起了色彩斑斓的舞蹈。这一变化没有改变黑人。他从一种生活方式跨越到另一种，但没有变换人生。就好像当人们告诉一个病情好转的病人，说他不久即可离开医院，这时他常常会发病，同样地，黑奴得知自己要被解放的时候，也会出现精神紊乱症甚至猝死。

人的一生中，这样的消息只可能听到一次。黑人立刻去感谢白人，最粗放的证据就是法国各地，在各个殖民地，大量雕塑遍地开花，表现白人慈爱地抚摸着黑人的满头小卷毛，那捆绑黑人的锁链刚刚被折断了。

母亲对儿子说："向先生道谢。"……可我们知道，小男孩常常梦想着喊出其他词来，更响亮的词……

白人作为主人[211]对黑人说：

从此以后你自由了。

但是黑人并不知道自由的价格，因为他没去争取过。有时候，他会为大写的自由和正义去战斗，但那是白人的自由和白人的正义，也就是主人分泌出的价值观。曾经的奴隶，他记忆中既没有为自由战斗的印象，也没有克尔凯郭尔所说的自由焦虑，面对这个年轻的白人在存在这根僵硬的钢丝绳上游戏歌唱，他无所适从。

如果有个黑人凶狠地盯着白人，白人便会说："兄弟，你我之间没有区别。"但是黑人知道区别是有的。他希望有区别。他希望白人猛地跟他来一句："臭黑人。"这时，他就可以有唯一的机会，来"给他们看看……"

可是，多数情况下什么都没有，只有满不在乎，或者是家

---

[211] 我们这里所说的主人不是黑格尔思想中的主人概念。黑格尔理论中有对等，而我们这里的主人不在乎奴隶的意识。他并不要求奴隶承认他，要的只是奴隶的劳动。
同样，这里的奴隶也不是黑格尔所说的那个迷失于客体之中在劳动中找到解放的奴隶。
这里的黑人只想跟主人一样。
因而他没有黑格尔的奴隶那么独立。
在黑格尔那里，奴隶会离开主人转向客体。
这里，奴隶是转向主人而抛弃客体。

长式的好奇。

曾经的奴隶要求人家质疑他的人性,他想搏斗,打架。可是太晚了:法国黑人只能自己咬自己,咬人。我们在说法国,因为美国黑人经受的是另一种厄运。在美国,黑人在搏斗,他被殴打。宪法中有些法律在渐渐消失。有些法令禁止某些歧视。我们了解到这不是来自施舍。

有战斗,有失败,休战,胜利。

"一千两百万黑人的声音"[212]曾向着天幕呐喊。而这天幕,被一点点穿破,牙齿的痕迹留在上面,禁忌的肚腹被撕破了,像个破鼓一样掉下来。

战场的四角悬挂着二十几个黑人,他们的睾丸被吊住,战场上逐渐竖立起一个必将宏伟的纪念碑。

纪念碑顶,我已经看到一个白人和一个黑人在握手。对于法国黑人,这种情景是无法容忍的。他从来不知道白人是不是把他看成自在自为的自我意识,他会不断地去发现阻力,反对,争议。

穆尼埃有关非洲的书中有一段文字[213]就表现了以上的看法。

他在那里认识的年轻黑人希望保留他们的不同。不同的断绝方式,不同的斗争,不同的战斗。

自我以反对自己的姿态表现,费希特这样说。是,但也不是。

---

[212] 原文用了英文 The twelve millions black voices。——译者注
[213] 参见《黑非洲的觉醒》。

在开篇部分，我们说过，人就是一个"是"。我们还要再说。向生命说是。向爱情说是。向慷慨说是。

但人也是一个"不"。对人的鄙视说不，对人的无尊严说不。对人剥削人说不。对抹杀自由（即人身上最具人性的东西）说不。

人的表现不应仅仅是反向行为。反向行为之中总是有怨恨。尼采在《权力意志》中已经写过。

把人引到主动行动中，在行动循环中保持对人类社会基本价值的尊重，对于那个思考之后开始行动的人，这就是最紧急的事情。

结　语

> 社会革命不能从过去,而只能从未来汲取自己的诗情。它在破除一切对过去事物的迷信以前,是不能开始实现自身的目标的。从前的革命总要回忆过去的世界历史事件,为的是向自己隐瞒自己的内容。19世纪的革命一定要让死者埋葬他们的死者,才能让自己弄清自己的内容。从前是辞藻胜于内容,现在是内容胜于辞藻。
>
> ——马克思,《路易·波拿巴的雾月十八》

我已经猜出谁会让我把这个或那个问题进一步说明,谁会让我批评这种或那种行为。

很明显,我还会再次强调,来自瓜德罗普的医学博士在消除异化方面的努力与在阿比让港口工地上干活的黑人的努力相比,两者有着本质的区别。对前者来说,异化基本是智识方面的。因为他把欧洲文化当作自己脱开人种的手段,他才成为异化的人。对后者来说,因为他是作为某一人种对另一人种的剥削,以及某种被认为的高等文明对另一些人的鄙视制度的受害者,而成为异化的人。

我们不会天真地相信,呼吁理性或者呼吁人尊重人就能改变现实。对于在罗伯特县(Le Robert)[214]甘蔗种植园劳动的黑人来说,只有一个办法:斗争。而这个斗争,不是他依照马克思主义或唯心主义的理论分析进行的斗争,而是因为,没有别的,他的生存只可能在反对剥削、贫穷和饥饿的斗争中才能实现。

我们不会去让这些黑人纠正他们对历史的看法。况且,我们深信,他们尽管没有意识到,但已经习惯于以当下的眼光来讲话来思考。我在巴黎遇到的几位工人朋友从来没有把了解黑人历史当成一件大事。他们知道自己是黑人,但他们对我说,这一点什么也改变不了。

他们这话说得绝对有道理。

在这个问题上,我还有一个想法,有不少作者也已经注意到了:智识方面的异化是资产阶级社会创造出来的。我所说的资产阶级社会就是那种固定在已有的形式之中,禁止改变,禁止前行,禁止进步,禁止新发现的社会。我所说的资产阶级社会就是那种封闭的,人们难以生存,空气恶臭,观点和人都在腐烂的社会。我认为,凡是站出来不接受这种死亡的人都是某种意义上的革命者。

即使我发现了15世纪存在着某种黑人文明,这也不算什

---

[214] 马提尼克岛上的一个县。

么人类专利。无论我们愿意不愿意,过去绝不可能指引我的现在。

我此书所研究的情况,大家可以看出来,不是一般的情况。科学客观性对我来说也不可能,因为那个异化者,那个精神失常者,他们是我的弟兄,我的姐妹,我的父辈。我总是在对黑人说,从某种意义上说他是在自我非正常化;对白人,我说他既在愚弄别人,又在被愚弄。

黑人在某些时候,被封闭在他的身体之中。然而,"对于一个获得自我意识和身体意识的人,懂得了主体与客体的辩证法以后,身体便不再是意识结构的源头,而成为意识的客体"[215]。

黑人,即使是真诚的,也是被过去囚禁着的。然而,我是人,从这个意义上,伯罗奔尼撒战争,和发明指南针一样,都是我的历史。面对白人,黑人想抬高自己的过去,要摆平;面对黑人,今天的白人觉得必须重提食人族时代。几年前,里昂的法国海外省学生联合会让我写文章来驳斥一篇文章,那篇文章毫不隐讳地把爵士乐当成现代世界的食人现象。我看到了问题的根本,就没有按照联合会的思路,而是请那位欧洲纯洁性的维护者赶快治疗他的痉挛,告诉他这病跟文化没有关系。有的人只想用他们的存在把世界撑满。一位德国哲学家曾经描述过这种心理,他称之为自由病。这个时候,我没必要选择黑人

---

[215] 梅洛-庞蒂(Merleau-Ponty),《知觉现象学》(*Phénoménologie de la perception*),1945,p. 277。

音乐或者白人音乐,只需要帮助我的弟兄放弃这样毫无益处的态度。

这里的问题出在时间方面。凡是拒绝把自己封闭在历史之塔里的黑人和白人都能够脱离异化状态。对于其他很多黑人,脱离异化的办法是拒绝用现状来故步自封。

我是人,我应该了解世界的全部过去。我不是只对圣多明各起义负责。

每当有人展现出精神尊严的胜利,每当有人拒绝他的同类被奴役,我都与他站在一起。

无论如何,我不会到有色人种的历史中寻找自己的正当性。

无论如何,我不会尽力去重现某种不为人知的黑人文明。我不把自己当成某段过去的专有。我不愿意歌颂过去,而抛开我的今天和我的未来。

印度支那人并非因为发现了他们特有的文化才起义。原因"很简单",那就是因为他们从多方面来说都已经难以呼吸了。

当我们读了那些职业军官1938年写的游记,描述那个使用印度支那货币和人力包车的地方,到处是低廉的小男仆和女人,我们只会更理解为什么越盟的战士会如此勇猛。

我在打仗时认识的一个战友是从印度支那回来的。他给我讲过很多事情。比如说,那些十六七岁的越南人在被枪决时是怎样的平静。他对我说,有一次,我们不得不以跪姿射击:因为战士们面对那些年轻的"狂热分子"都在发抖。他总结说:"我们这边打的仗其实跟那边相比也就是游戏。"从欧洲角度来看，这种情景简直难以置信。有人讲，亚洲人面对死亡有某种特殊的"亚洲态度"。可此类低级哲学家说服不了任何人。就在不久以前，此类的"亚洲式平静"在法国抵抗运动的"恐怖分子"身上也曾有过表现。

被枪决的越南人绝不希望他们的牺牲让人们回到过去。他们是为了今天和明天才去赴死的。

如果有一天我必须要跟某个既定的过去系在一起，那一定是因为我对我自己，对我的未来做出了承诺，用毕生和全力来参加战斗，让地球上不再有被奴役的民族。

黑人世界不能指挥我的行动。我的黑皮肤没有承载什么特殊价值观。很久以来，康德所迷恋的星空告诉了我们很多秘密。而道德法则在怀疑自己。

我作为人，愿意冒着生命危险让两三条真理照亮世界。

萨特曾指出，过去，就像某种不独特的态度，会"抓住"群体，结结实实地搭建起来，击垮个体。这就是把过去转变成了价值。可是，我也可以重新对待我的过去，时而赞颂它时而批判它。

黑人想跟白人一样。对于黑人，只有一种命运。它是白色的。很久以前，黑人接受了白人的高等，不可争论的高等，他所有的努力就是实现白人式的存在。

难道，现在地球上最要紧的是替17世纪的黑人报仇？

难道，就在这正在陷落的地球上，要我解答的是黑人真理的问题？

难道，我应该把自己关闭在证明面部棱角的研究中？

我，作为有色人种的人，没有权利去寻找关于我的人种比别的人种高等还是低等的证据。

我，作为有色人种的人，没有权利去追求白人对我的人种的过去产生负罪感。

我，作为有色人种的人，没有权利去找办法来践踏从前主人的自豪感。

我既没有权利，也没有义务为祖先做奴仆的经历来要求赔偿。

既不存在黑人的使命，也不存在白人的重负。

某一天，我发现自己身处一个很多事情很糟糕的世界；这个世界上，人家让我去搏斗；这个世界上，不是灭亡就是胜利。

我发现自己身处一个词语的表面是沉默的世界；这个世界上，他者在不断地变得冷酷。

不，我没有权利来向白人喊出我的仇恨。我没有义务向白人倾诉我的感激。

我的生命由具体的存在牵引。我的自由把我投向自己。不，我没有权利当黑人。

我没有义务当这个或当那个……

如果白人对我的人性有争议，我会告诉他，竭尽我的全力来展示，我不是那个他一直想象的傻大黑粗。

某一天，我发现自己身处在世界中，我认为自己唯一的权利就是：要求他者具有人的表现。

唯一的义务,那就是不要在我的选择之中否定自己的自由。

我不愿意做黑人世界的"狡计"[216]的牺牲品。

我的生命不应该被当成黑人统计数字。

没有白人世界,没有白人伦理,也没有白人智慧。

在世界的各个角落,都有人在寻找。

我不是历史的囚徒。我不应该去那里寻找我生命的意义。

我应该随时告诫自己,真正的飞跃是在生存中引入发明。

在我要去的那个世界上,我在不断创造自己。

我与存在[217]一体,正因为我可以超越它。

我们可以看到,在这个个别问题后面,实际上是行动问题。我身处在这个世界上,在具体情况之中,正如帕斯卡尔所说的"在船上",我是不是要积攒武器?

我是不是要让今天的白人来承担17世纪贩奴船的罪责?

我是不是要想尽办法让负罪感出现在灵魂之中?

面对过去的厚重,感到道德苦痛?我是黑人,成吨的锁链,雷电,棍棒,唾液的河流在我肩头涌动。

但我没有权利深陷其中。我没有权利在我的生存中接受一丁点儿本质存在。我没有权利让历史决定论把我粘住。

奴隶制不让我的父辈做人,但我不是奴隶制的奴隶。

对于很多有色人种的知识分子,欧洲文化有着某种外部特

---

[216] 作者在此处把"狡计"一词用斜体字标出。——译者注
[217] 此处的"存在"原文用了大写的 Être。——译者注

性。而且，在人与人的关系方面，黑人可能觉得自己是西方世界的外人。如果他不想当穷亲戚，被收养的孩子，小杂种，是不是就要忿忿地去发现某种黑人文明？

请理解我们。我们深信发现公元 3 世纪的黑人文学或者黑人建筑是很有意义的。如果某位黑人哲学家曾经与柏拉图有书信联系，我们也会非常欣喜。但是我们完全看不出来，这种发现与改变马提尼克或瓜德罗普甘蔗园里劳动的小童工的境况有什么关系。

不要想办法把人固定住，因为他生来是应该被放开的。

历史的厚重不能决定我的任何行动。

我就是我自己的基础。

我要超越历史记载，超越作为工具的记载，才能进入我的自由循环。

有色人种的厄运是曾为奴隶制的受害者。

白人的厄运以及非人性是曾经在一些地方杀了人。

还有，他们今天继续在有计划地组织这种非人性的行为。可是我，作为有色人种的人，因为我有可能绝对地存在，我没有权利让自己停留在为过去赔偿的世界中。

我，作为有色人种的人，我只要一样东西：

但愿人永远不要被手段统治。但愿人奴役人的现象永远完结。就是说他者奴役我的现象永远消失。但愿我能够发现人，面对人，无论是在哪里。

黑人不存在。白人也不存在。

白人和黑人都应该远离各自祖先的那种非人的声音，这样才能够进行切实的交流。在找到那种积极的声音之前，为了自由，需要消除异化。一个人，在他生存初期，总是阻塞的，被偶然性湮没。人的不幸是曾为孩子。

人需要重整自我，进行清除，需要自由产生的不断的张力，才可能创造人类世界理想的生存条件。

高等？低等？

为什么不简简单单地，试着去触碰他者，感觉他者，发现他者？

我被给予了自由，难道不是为了建起你的世界？

在本书结尾，我们希望大家可以跟我们一样感受到任何意识的开放性。

我最终的祈祷：

哦，我的身体，把我永远地造成一个提问的人吧！

作者简介：

弗朗茨·法农，精神病医师和作家，出生于法属马提尼克岛，青少年时期即参加了反抗法国维希政权的游击斗争，1943 年自愿加入法国军队赴欧洲参加第二次世界大战。战后在巴黎和里昂学习医学与精神病学，其间开始写作政治散文和戏剧。1952 年前往阿尔及利亚担任精神病医师，所见所闻使他对阿尔及利亚"民族解放阵线"产生同情，并相信暴力革命是第三世界结束殖民压迫和文化创伤的有效途径。主要著作有《黑皮肤，白面具》《全世界受苦的人》《为了非洲革命》以及《阿尔及利亚革命的第五年》等。法农是 20 世纪非常重要的黑人文化批评家，以黑人的角度探索黑色非洲，并使得非洲研究真正受到西方学界重视。

译者简介：

张香筠，文学博士，任教于巴黎大学东亚学院，主要研究方向为现当代翻译思想及翻译实践。曾翻译西蒙娜·德·波伏娃小说集《独白》（上海译文出版社，2012）、米歇尔·伏维尔《法国大革命》（商务印书馆，2020）。

法兰西思想文化丛书

《内在经验》
[法]乔治·巴塔耶 著　程小牧 译

《文艺杂谈》
[法]保罗·瓦莱里 著　段映虹 译

《梦想的诗学》
[法]加斯东·巴什拉 著　刘自强 译

《成人之年》
[法]米歇尔·莱里斯 著　王彦慧 译

《异域的考验：德国浪漫主义时期的文化与翻译》
[法]安托万·贝尔曼 著　章文 译

《浪漫的谎言与小说的真实》
[法]勒内·基拉尔 著　罗芃 译

《罗兰·巴特论戏剧》
[法]罗兰·巴特 著　罗湉 译

《1863，现代绘画的诞生》
[法]加埃坦·皮康 著　周皓 译

《入眠之力》
[法]皮埃尔·帕谢 著　苑宁 译

《祭牲与成神：初民社会的秩序》
[法]勒内·基拉尔 著　周莽 译

《文学第三共和国》（即出）
[法]安托万·贡巴尼翁 著　龚觅 译

《黑皮肤，白面具》（即出）
［法］弗朗茨·法农 著　张香筠 译

《保罗·利科论翻译》（即出）
［法］保罗·利科 著　章文 译

《论国家：法兰西公学院课程实录（1989—1992）》（即出）
［法］皮埃尔·布尔迪厄 著　贾云 译

《人与神圣》（即出）
［法］罗杰·卡卢瓦 著　赵天舒 译

《细节：一部离作品更近的绘画史》（待出）
［法国］达尼埃尔·阿拉斯 著　东门杨 译

《犹太精神的回归》（待出）
［法］伊丽莎白·卢迪奈斯库 著　张祖建 译

《伟大世纪的道德》（待出）
［法］保罗·贝尼舒 著　丁若汀 译

《十八世纪欧洲思想》（待出）
［法］保罗·阿扎尔 著　马洁宁 译

《人民的本质：18-21世纪社会集体想象的形成》
［法］黛博拉·高恩 著

《现代国家的公与私：法兰西公学院课程实录（1989—1992）》
［法］皮埃尔·布尔迪厄 著　张祖建 译